보건교사 임용고시 완벽대비

2026
김동현 전공보건
법령요약
빈칸노트

김동현 편저

마체베트

PREFACE

본 교재는 보건교사 임용시험을 준비하는 선생님들을 위해 만들어졌습니다.

이 책은 보건임용에서 높은 비중을 차지하는 학교보건 관련 법령 및 지역사회간호 관련 법령 등에 대한 집약적인 학습을 목적으로 제작되었습니다.

본 교재는 다음과 같은 특징을 가집니다.

01 본 교재는 개정 법령을 중심으로 제1편 학교보건 관련 법령, 제2편 지역사회간호 관련 법령으로 구성하였습니다. 개정법령의 하위 내용들을 일목요연하게 확인할 수 있게 하여 법체계의 흐름이 끊기지 않고 자연스럽게 확인할 수 있도록 하였습니다.

02 개별 법령별로 '중요도 표시' 하여 학습의 강약을 고려할 수 있도록 하였습니다. 이는 출제가 되었거나 출제가 예상되는 내용들을 중요도에 따라 다시 확인하며 정리하는데 도움이 될 것입니다.

본 교재가 선생님들의 합격에 조금이라도 도움이 되기를 간절히 바라며….

2025년 7월 2일

저자 **김 동 현**

CONTENTS

PART 01

학교보건 관련 법규

THEME 001	학교보건법-시행령-시행규칙	학교건강검사규칙 ★★★	006
THEME 002	학교안전법 ★★		074
THEME 003	교육환경보호에 관한 법률 ★		095

PART 02

지역사회간호 관련 법규

THEME 001	지역보건법 ★★★	108
THEME 002	국민건강증진법 ★★	113
THEME 003	감염병예방법 ★★★	117
THEME 004	농어촌 등 보건의료를 위한 특별조치법 ★★	128
THEME 005	의료급여법	130
THEME 006	산업안전보건법 /산업재해보상보험법 ★	133
THEME 007	정신건강복지법 ★	147
THEME 008	노인장기요양보험법 ★★	152
THEME 009	환경정책기본법	161
THEME 010	사회보장기본법	166

부록

✦부록   학교보건법 시행규칙 별표, 학교건강검사규칙 별표   169

2026
김동현 전공보건
법령요약 빈칸노트

PART 01

학교보건 관련 법규

✦ THEME 001　학교보건법 - 시행령 - 시행규칙 | 학교건강검사규칙
✦ THEME 002　학교안전법
✦ THEME 003　교육환경보호에 관한 법률

THEME 001 학교보건법-시행령-시행규칙 | 학교건강검사규칙

(1) 인용조문 3단 비교

학교보건법 [법률 제18640호, 2021. 12. 28., 일부개정]	학교보건법 시행령 [대통령령 제33246호, 2023. 2. 14., 일부개정]	학교보건법 시행규칙 [교육부령 제270호, 2022. 6. 29., 일부개정]
제1조【목적】이 법은 학교의 보건관리에 필요한 사항을 규정하여 학생과 교직원의 건강을 보호·증진함을 목적으로 한다.		
제2조【정의】이 법에서 사용하는 용어의 뜻은 다음과 같다. 1. "＿＿＿＿"란 ＿＿＿＿＿＿＿＿＿＿＿＿＿＿＿＿＿＿＿＿＿ 등에 대하여 조사하거나 검사하는 것을 말한다. 2. "학교"란 「유아교육법」 제2조제2호, 「초·중등교육법」 제2조 및 「고등교육법」 제2조에 따른 각 학교를 말한다. 3. "＿＿＿＿"이란 다음 각 목의 구분에 따른 지도·감독기관을 말한다. 　가. 「유아교육법」 제7조제1호에 따른 국립유치원 및 「초·중등교육법」 제3조제1호에 따른 국립학교: 교육부장관		

 정답 | 법: (2) • 건강검사　• 신체의 발달상황 및 능력, 정신건강 상태, 생활습관, 질병의 유무　• 관할청

나. 「유아교육법」 제7조제2호·제3호에 따른 공립유치원·사립유치원 및 「초·중등교육법」 제3조제2호·제3호에 따른 공립학교·사립학교: 교육감 　　다. 「고등교육법」 제2조에 따른 학교: 교육부장관 [전문개정 2007. 12. 14.]		
제2조의2 【국가와 지방자치단체의 의무】 ▓▓▓▓▓▓▓▓▓ 는 학생과 교직원의 건강을 보호·증진하기 위한 기본계획을 수립·시행하고, 이에 필요한 시책을 마련하여야 한다.		
제2조의3 【▓▓▓▓▓▓▓▓▓의 수립·시행】 ① 교육부장관은 ▓▓ 마다 학생의 신체 및 정신건강 증진을 위한 기본계획(이하 "기본계획"이라 한다)을 수립·시행하여야 한다. ② 기본계획에는 다음 각 호의 사항이 포함되어야 한다. 1. 학생의 건강증진을 위한 기본방향 및 목표 2. 학생의 건강증진을 위한 주요 추진과제 및 추진방법 3. 그 밖에 학생의 건강증진을 위하여 필요한 사항 ③ ▓▓▓▓▓ 은 기본계획의 수립·시행에 필요한 자료의 제공 등을 관계 중앙행정기관의 장 및 그 밖의 기관·단체의 장에게 요청할 수 있다. 이 경우 자료의 제공 등을 요청받은 관계 중앙행정기관의 장 및 그 밖의 기관·단체의 장은 특별한 사유	제1조의2 【학생건강증진 기본계획의 수립 등】 ① 교육부장관은 「학교보건법」(이하 "법"이라 한다) 제2조의3제1항에 따라 학생의 신체 및 정신건강 증진을 위한 기본계획(이하 "학생건강증진기본계획"이라 한다)을 그 계획을 시행하는 해의 전년도 ▓▓▓▓▓ 까지 수립해야 한다. ② 교육부장관은 학생건강증진 정책의 변화나 관련 법령의 개정 등 학생건강증진기본계획을 변경할 필요가 있는 경우에는 학생건강증진기본계획을 변경할 수 있다. ③ 교육부장관은 학생건강증진기본계획을 수립 또는 변경하려는 경우에는 미리 관계 행정기관의 장 및 특별시·광역시·특별자치시·도·특별자치도(이하 "시·도"라 한다) 교육감(이하 "교육감"이라 한다)의 의견을 들어야 한다.	

정답
법: ⟨2-2⟩ • 국가와 지방자치단체 ⟨2-3⟩ • 학생건강증진 기본계획 • 5년 • 교육부장관
영: ⟨1-2⟩ • 10월 31일

가 없으면 이에 따라야 한다. ④ 그 밖에 기본계획의 수립·시행에 필요한 사항은 대통령령으로 정한다. [본조신설 2021. 9. 24.]	④ 교육부장관은 학생건강증진기본계획을 수립 또는 변경한 경우에는 지체 없이 관계 행정기관의 장 및 교육감에게 통보해야 한다. [본조신설 2023. 2. 14.]
제3조 【보건시설 등】 학교의 설립자·경영자는 대통령령으로 정하는 바에 따라 보건실을 설치하고 학교보건에 필요한 시설과 기구(器具) 및 용품을 갖추어야 한다.	제2조 【보건실의 설치기준 등】 ① 법 제3조에 따른 보건실의 설치기준은 다음 각 호와 같다.〈개정 2012. 8. 13., 2013. 3. 23., 2023. 2. 14.〉 1. ▢▢: 학생과 교직원의 응급처치 등이 신속히 이루어질 수 있도록 이용하기 쉽고 통풍과 채광이 잘 되는 장소일 것 2. 면적: ▢▢▢▢▢▢▢▢. 다만, 교육부장관(「대학설립·운영 규정」 제1조에 따른 대학만 해당된다) 또는 교육감(「고등학교 이하 각급 학교 설립·운영 규정」 제2조에 따른 각급 학교만 해당된다)은 학생수 등을 고려하여 학생과 교직원의 건강관리에 지장이 없는 범위에서 그 면적을 완화할 수 있다. ② 제1항에 따른 보건실에는 학교보건에 필요한 다음 각 호의 시설과 기구(器具) 및 용품을 갖추어야 한다.〈개정 2019. 6. 18.〉 1. 학생과 교직원의 건강관리와 응급처치 등에 필요한 시설과 기구 및 용품 2. 학교환경위생 및 식품위생검사에 필요한 기구

정답 영: ⟨2⟩ • 위치 • 66제곱미터 이상

③ 제2항에 따라 보건실에 갖추어야 하는 시설과 기구 및 용품의 구체적인 기준은 「초·중등교육법」 제3조에 따른 국립학교와 「고등교육법」 제2조 각 호에 따른 학교의 경우에는 교육부령으로 정하고, 「초·중등교육법」 제3조에 따른 공립학교 및 사립학교의 경우에는 시·도 교육규칙으로 정한다.〈개정 2012. 8. 13., 2013. 3. 23., 2019. 6. 18.〉
[제목개정 2019. 6. 18.]

제4조【학교의 환경위생 및 식품위생】
① 학교의 장은 교육부령으로 정하는 바에 따라 학교시설[교사대지(校舍垈地)·체육장, 교사·체육관·기숙사 및 급식시설, 교사대지 또는 체육장 안에 설치되는 강당 등을 말한다. 이하 같다]에서의 환기·채광·조명·온도·습도의 조절과 **유해중금속** 등 유해물질의 예방 및 관리, 상하수도·화장실의 설치 및 관리, 오염공기·석면·폐기물·소음·휘발성유기화합물·세균·먼지 등의 예방 및 처리 등 환경위생과 식기·식품·먹는 물의 관리 등 식품위생을 적절히 유지·관리하여야 한다.〈개정 2008. 2. 29., 2013. 3. 23., 2019. 4. 23.〉
② 학교의 장은 제1항에 따라 학교시설에서의 환경위생 및 식품위생을 적절히 유지·관리하기 위하여 교육부령으로 정하는 바에 따라 **연 2회** 이상 점검하고, 그 결과를 기록·보존 및 보고하여야 한다. 이 경우 환경위생 점검을 위한 공기 질 점검

제3조【환경위생 및 식품위생의 유지관리】
①「학교보건법」(이하 "법"이라 한다) 제4조에 따라 학교의 장이 유지·관리해야 하는 학교시설[교사대지(校舍垈地)·체육장, 교사·체육관·기숙사 및 급식시설, 교사대지 또는 체육장 안에 설치되는 강당 등을 말한다. 이하 같다]에서의 환경위생 및 식품위생에 관한 기준은 다음 각 호와 같다.〈개정 2005. 11. 14., 2008. 4. 28., 2018. 3. 27., 2019. 10. 24.〉
1. **환기·채광·조명·온도·습도의 조절기준과 환기설비의 구조 및 설치기준**은 별표 2와 같다.
1의2. 유해중금속 등 유해물질의 예방 및 관리 기준은 별표 2의2와 같다.
2. 상하수도·화장실의 설치 및 관리기준은 별표 3과 같다.
3. 폐기물 및 소음의 예방 및 처리기준은 별표 4와 같다.

정답
법:〈4〉· 유해중금속 · 연 2회
칙:〈3〉· 환기·채광·조명·온습도의 조절기준과 환기설비의 구조 및 설치기준

시 학교운영위원회 위원 또는 학부모가 참관을 요청하는 경우에는 이를 허용하여야 한다.〈개정 2008. 2. 29., 2013. 3. 23., 2019. 4. 2., 2019. 4. 23., 2021. 12. 28.〉
③ 학교의 장은 제2항에 따른 점검에 관한 업무를 교육부령으로 정하는 바에 따라 「환경분야 시험·검사 등에 관한 법률」 제16조에 따른 측정대행업자에게 위탁하거나 교육감에게 전문인력 등의 지원을 요청하여 수행할 수 있다.〈개정 2008. 2. 29., 2013. 3. 23.〉
④ 학교의 장은 제2항과 제3항에 따른 점검 결과가 교육부령으로 정하는 기준에 맞지 아니한 경우에는 지체 없이 시설의 보완 등 필요한 조치를 하고 이를 교육부장관 및 교육감에게 보고하여야 한다.〈개정 2008. 2. 29., 2013. 3. 23., 2016. 3. 2., 2021. 12. 28.〉
⑤ 교육부장관이나 교육감은 제1항에 따른 환경위생과 식품위생을 적절히 유지·관리하기 위하여 필요하다고 인정하면 관계 공무원에게 학교에 출입하여 제2항에 따른 점검을 하거나 점검 결과의 기록 등을 확인하게 할 수 있으며, 개선이 필요한 경우에는 행정적·재정적 지원을 할 수 있다.〈개정 2008. 2. 29., 2013. 3. 23.〉
⑥ 학교의 장은 제2항 및 제4항에 따른 환경위생 및 식품위생 점검 결과 및 보완 조치를 학교의 인터넷 홈페이지 또는 교육부장관이 운영하는 공시

3의2. 공기 질 등의 유지·관리기준은 별표 4의2와 같다.
4. 식기·식품·먹는 물의 관리 등 식품위생에 관한 기준은 별표 5와 같다.
② 학교의 장은 학교시설에서의 환경위생 및 식품위생 상태가 제1항의 기준에 적합한지를 확인하기 위하여 점검을 실시해야 한다.〈개정 2019. 10. 24.〉
③ 제2항에 따라 실시하는 점검의 종류 및 시기는 별표 6과 같이 하고, 점검방법 그 밖의 필요한 사항은 교육부장관이 정하여 이를 고시한다.〈개정 2005. 11. 14., 2008. 3. 4., 2008. 4. 28., 2013. 3. 23.〉
④ 학교의 장은 제2항 및 제3항에 따라 점검을 실시하였을 때에는 그 결과를 기록·비치해야 하고, 학교시설에서의 환경위생 및 식품위생의 상태가 제1항의 기준에 미달되는 경우에는 시설의 보완 등 필요한 조치를 강구해야 한다.〈개정 2005. 11. 14., 2008. 4. 28., 2019. 10. 24.〉
⑤ 삭제〈2019. 7. 3.〉

제3조의2【검사요청 등】
① 법 제4조에 따른 학교시설에서의 환경위생 및 식품위생을 유지·관리하기 위하여 학교의 장이 제3조제2항에 따른 점검을 실시하는 경우에는 교육감 또는 교육장에게 점검방법의 지도 및 전문인력 등의 지원을 요청하거나 환경위생 및 식품위생의 상태를 전문적으로 점검하는 기관에 의뢰하여

관련 홈페이지를 통하여 공개하여야 한다. 이 경우 측정된 수치는 최초측정과 재측정 이력을 포함하여야 한다.〈신설 2016. 3. 2., 2019. 4. 2.〉
⑦ 학교의 장은 제2항에 따른 학교시설의 환경위생 점검을 실시하여 심각한 유해물질의 지속적 발생의 가능성이 확인된 경우 관할 교육감에게 특별점검을 요청하여야 하고, 교육감은 이에 특별점검을 실시하고 대책을 수립·실행하여야 한다.〈신설 2019. 4. 23.〉
[전문개정 2007. 12. 14.]

오염의 정도를 측정하게 할 수 있다.〈개정 2008. 4. 28., 2019. 10. 24.〉
② 교육감 또는 교육장은 제1항에 따라 지원요청을 받은 경우에는 소속 공무원으로 하여금 관할학교에 대하여 오염물질을 직접 검사하게 하거나 환경위생 및 식품위생의 상태를 전문적으로 점검하는 기관에 의뢰하여 오염의 정도를 측정하게 할 수 있다.〈개정 2008. 4. 28.〉
[본조신설 2005. 11. 14.]

제3조의3 【환경위생관리자의 지정 및 교육】
① 학교의 장은 법 제4조에 따라 학교시설에서의 환경위생을 유지·관리하기 위하여 소속 교직원 중에서 환경위생에 관한 업무를 관리하는 자(이하 "환경위생관리자"라 한다)를 지정해야 한다.〈개정 2007. 3. 26., 2008. 4. 28., 2019. 10. 24.〉
② 교육감은 학교의 장이 지정한 환경위생관리자 및 환경위생의 유지·관리를 담당하는 소속 공무원의 전문성을 신장하기 위하여 필요한 교육을 실시하거나 환경위생의 유지·관리에 관한 교육을 전문적으로 실시하는 기관에 이들을 위탁하여 교육을 받을 수 있도록 하여야 한다.
[본조신설 2005. 11. 14.]

제4조의2 【공기 질의 유지·관리 특례】 ① 학교의 장은 제4조제2항에 따른 공기 질의 위생점검을 상·하반기에 각각 ▢ 이상 실시하여야 한다. ② 학교의 장은 제4조제2항 및 제3항에 따라 교사 안에서의 공기 질을 측정하는 장비에 대하여 교육부령으로 정하는 바에 따라 매년 2회 이상 정기적으로 점검을 실시하여야 한다.〈개정 2021. 12. 28.〉 [본조신설 2019. 4. 2.]		제4조 【공기 질을 측정하는 장비에 대한 점검】 법 제4조의2제2항에 따라 실시해야 하는 교사 안에서의 공기의 질을 측정하는 장비에 대한 점검은 다음 각 호의 어느 하나에 해당하는 방법으로 한다. 1. 「국가표준기본법」 제3조제17호에 따른 소급성(遡及性) 확보를 위한 검사 2. 「환경분야 시험·검사 등에 관한 법률」 제11조제1항 본문에 따른 정도검사(精度檢査) [본조신설 2019. 7. 3.]

제4조의3 【공기정화설비 등 설치】 학교(「고등교육법」 제2조에 따른 학교는 제외한다)의 장은 교사 안에서의 공기 질 관리를 위하여 교육부령으로 정하는 바에 따라 각 교실에 공기를 정화하는 설비 및 미세먼지를 측정하는 기기를 설치하여야 한다.		제5조 【공기정화설비 등의 설치】 법 제4조의3에 따라 학교(「고등교육법」 제2조에 따른 학교는 제외한다)의 장이 교사 안에서의 공기 질 관리를 위하여 각 교실에 설치해야 하는 공기를 정화하는 설비 및 미세먼지를 측정하는 기기는 다음 각 호와 같다.
		1. 공기를 정화하는 설비: 다음 각 목의 어느 하나에 해당하는 설비
		  가. 「실내공기질 관리법」 제2조제5호에 따른 공기정화설비
		  나. 실내 공기 중의 분진을 추출하여 모으고 냄새를 탈취하는 기능이 있는 설비로서 내부에 먼지 제거부와 송풍기가 내장되어 있는 설비
		  다. 그 밖에 교육부장관이 관계 중앙행정기관의 장과 협의하여 교실의 공기를 정화하기에 적합하다고 인정하여 고시하는 설비

정답 법: 〈4-2〉• 1회

		2. 미세먼지를 측정하는 기기: 다음 각 목의 어느 하나에 해당하는 기기 　가. 제1호 각 목의 어느 하나에 해당하는 설비에 부착되어 있는 부속품 형태의 측정기기로서 미세먼지의 농도를 표시하는 기능이 탑재된 측정기기 　나. 가목 외의 기기로서 미세먼지의 측정결과를 실시간으로 확인할 수 있는 간이 측정기기 　다. 그 밖에 교육부장관이 관계 중앙행정기관의 장과 협의하여 교실의 미세먼지를 측정하기에 적합하다고 인정하여 고시하는 기기 [본조신설 2019. 7. 3.]
제5조【대기오염대응매뉴얼의 작성 등】 ① 교육부장관은 대기오염에 효과적으로 대응하기 위하여 환경부장관과의 협의를 거쳐 「대기환경보전법」 제7조의2의 대기오염도 예측결과에 따른 대응 매뉴얼(이하 "대기오염대응매뉴얼"이라 한다)을 작성·배포하여야 한다. ② 대기오염대응매뉴얼에는 대응 단계별 전파요령, ▨▨▨▨에 대한 점검 및 조치, ▨▨▨▨▨▨▨를 위한 조치사항 등 대통령령으로 정하는 내용이 포함되어야 한다. ③ 학교의 장은 대기오염대응매뉴얼에 따라 학생 및 교직원의 세부 행동요령을 수립하고 학생 및 교직원에게 세부 행동요령에 관한 교육을 실시하여야 한다.	제3조【대기오염대응매뉴얼의 작성 등】 ① 법 제5조제2항에서 "대통령령으로 정하는 내용"이란 다음 각 호의 내용을 말한다. 1. 대기오염 대응 업무 수행체계 및 관련 기관별 역할에 관한 사항 2. 대응 단계별 전파요령에 관한 사항 3. 대응 단계별 실외수업에 대한 점검 및 조치에 관한 사항 4. 대응 단계별 실내 공기질 관리를 위한 조치에 관한 사항 5. 그 밖에 교육부장관이 대기오염 대응에 필요하다고 인정하는 사항 ② 교육부장관은 법 제5조제1항에 따라 작성한 대기오염대응매뉴얼을 전자적 파일이나 인쇄물	

정답 | 법: ⟨5⟩ • 실외수업 • 실내 공기질 관리

④ 그 밖에 대기오염대응매뉴얼의 작성·배포, 세부 행동요령의 수립에 필요한 사항은 대통령령으로 정한다.
[본조신설 2018. 12. 18.]

의 형태로 배포할 수 있다.
③ 법 제5조제3항에 따른 학생 및 교직원의 세부 행동요령(이하 이 조에서 "세부 행동요령"이라 한다)에는 다음 각 호의 내용이 포함되어야 한다.
1. 대기오염 대응 업무를 관리하는 교직원의 지정에 관한 사항
2. 등교·하교 시간 조정, 수업시간 단축, 질환자 관리 등 대응 단계별 안전조치 이행에 관한 사항
3. 교직원 비상연락망 유지, 학생·학부모에 대한 연락체계 구축 등 대응 단계별 전파요령에 관한 사항
4. 체육활동, 현장학습, 운동회 등 실외수업의 실내수업 대체 등 대응 단계별 실외수업에 대한 점검 및 조치에 관한 사항
5. 공기 정화 설비의 가동, 환기요령, 청소 등 대응 단계별 실내 공기질 관리를 위한 조치에 관한 사항
6. 그 밖에 학교의 장이 학교의 사정 등을 고려하여 대기오염 대응에 필요하다고 인정하는 사항
④ 학교의 장은 세부 행동요령을 「학교안전사고 예방 및 보상에 관한 법률」 제4조제6항에 따른 학교안전사고 예방에 관한 학교계획에 포함하여 수립할 수 있다.
[본조신설 2019. 6. 18.]

제7조 【건강검사 등】

① 학교의 장은 학생과 교직원에 대하여 건강검사를 하여야 한다. 다만, 교직원에 대한 건강검사는 「국민건강보험법」 제52조에 따른 건강검진으로 갈음할 수 있다.〈개정 2011. 12. 31.〉

② 학교의 장은 제1항에 따라 건강검사를 할 때에 질병의 유무 등을 조사하거나 검사하기 위하여 다음 각 호의 어느 하나에 해당하는 학생에 대하여는 「국민건강보험법」 제52조에 따른 건강검진 실시 기관에 의뢰하여 교육부령으로 정하는 사항에 대한 건강검사를 한다.〈개정 2008. 2. 29., 2011. 12. 31., 2012. 3. 21., 2013. 3. 23.〉

1. 「초·중등교육법」 제2조제1호의 학교와 이에 준하는 특수학교·각종학교의 ☐ 및 ☐ 학생. 다만, 구강검진은 전 학년에 대하여 실시하되, 그 방법과 비용 등에 관한 사항은 지역 실정에 따라 교육감이 정한다.
2. 「초·중등교육법」 제2조제2호·제3호의 학교와 이에 준하는 특수학교·각종학교의 ☐ 학생
3. 그 밖에 건강을 보호·증진하기 위하여 교육부령으로 정하는 학생

③ 학교의 장은 제2항에 따른 건강검사 외에 학생의 건강을 보호·증진하기 위하여 필요하다고 인정하면 교육부령으로 정하는 바에 따라 그 학생을 별도로 검사할 수 있다.〈개정 2008. 2. 29., 2013. 3. 23.〉

제32조의2 【민감정보 및 고유식별정보의 처리】

① 학교의 장은 법 제7조에 따른 건강검사에 관한 사무를 수행하기 위하여 불가피한 경우 「개인정보 보호법」 제23조에 따른 건강에 관한 정보, 같은 법 시행령 제19조제1호 또는 제4호에 따른 주민등록번호 또는 외국인등록번호가 포함된 자료를 처리할 수 있다.〈개정 2016. 8. 29.〉

② 초등학교와 중학교의 장은 법 제10조에 따른 예방접종 완료 여부의 검사에 관한 사무를 수행하기 위하여 불가피한 경우 「개인정보 보호법」 제23조에 따른 건강에 관한 정보, 같은 법 시행령 제19조제1호 또는 제4호에 따른 주민등록번호 또는 외국인등록번호가 포함된 자료를 처리할 수 있다.〈개정 2016. 8. 29.〉

③ 시장·군수 또는 구청장(자치구의 구청장을 말하며, 시장·군수 또는 구청장의 해당 권한이 위임·위탁된 경우에는 그 권한을 위임·위탁받은 자를 포함한다)은 법 제14조의2에 따른 감염병 예방접종의 시행에 관한 사무를 수행하기 위하여 불가피한 경우 「개인정보 보호법」 제23조에 따른 건강에 관한 정보, 같은 법 시행령 제19조제1호 또는 제4호에 따른 주민등록번호 또는 외국인등록번호가 포함된 자료를 처리할 수 있다.〈개정 2016. 8. 29., 2017. 2. 3.〉

④ 교육부장관, 질병관리청장, 교육감 또는 학교의 장은 다음 각 호의 사무를 수행하기 위하여 불

 정답 | 법 : 〈7〉 • 1학년 • 4학년 • 1학년

④ 학교의 장은 제1항과 제2항에도 불구하고 천재지변 등 부득이한 사유로 관할 ▒▒▒▒▒▒▒▒▒▒ 을 받은 경우에는 교육부령으로 정하는 바에 따라 건강검사를 연기하거나 건강검사의 전부 또는 일부를 생략할 수 있다.〈개정 2008. 2. 29., 2013. 3. 23.〉

⑤ 제2항에 따라 건강검사를 한 검진기관은 교육부령으로 정하는 바에 따라 그 검사결과를 해당 학생 또는 학부모와 해당 학교의 장에게 알려야 한다.〈개정 2008. 2. 29., 2013. 3. 23.〉

⑥ 학교의 장은 제2조제1호의 정신건강 상태 검사를 실시할 때 필요한 경우에는 ▒▒▒▒▒▒ 없이 실시할 수 있다. 이 경우 학교의 장은 지체 없이 해당 학부모에게 검사 사실을 통보하여야 한다.〈신설 2012. 3. 21., 2016. 3. 2., 2021. 3. 23.〉

⑦ 제1항과 제2항에 따른 건강검사의 시기, 방법, 검사항목 및 절차 등에 관하여 필요한 사항은 교육부령으로 정한다.〈개정 2008. 2. 29., 2012. 3. 21., 2013. 3. 23.〉

[전문개정 2007. 12. 14.]

가피한 경우 「개인정보 보호법」 제23조에 따른 건강에 관한 정보, 같은 법 시행령 제19조제1호 또는 제4호에 따른 주민등록번호 또는 외국인등록번호가 포함된 자료를 처리할 수 있다.〈신설 2016. 8. 29., 2020. 9. 11.〉

1. 법 제14조의3제4항에 따른 감염병정보의 공유에 관한 사무
2. 법 제14조의3제5항에 따른 감염병정보의 보고에 관한 사무
3. 법 제14조의3제6항에 따른 감염병정보의 공개에 관한 사무

[본조신설 2014. 8. 6.]

제7조의2 【학생건강증진 시행계획의 수립·시행 등】

① 교육감은 기본계획에 따라 매년 지역의 여건 및 특색을 고려하여 학생의 신체 및 정신건강 증진을 위한 학생건강증진 시행계획을 수립·시행하여야 한다.〈개정 2021. 9. 24.〉

 정답 | 법: 〈7〉 • 교육감 또는 교육장의 승인 • 학부모의 동의

② 제1항에 따른 계획에는 제11조에 따른 학교의 장의 조치를 행정적 또는 재정적으로 지원하는 방안을 포함하여야 한다.〈신설 2013. 12. 30.〉
③ 학교의 장은 제7조에 따른 건강검사의 결과를 평가하여 이를 바탕으로 학생건강증진계획을 수립·시행하여야 한다.〈개정 2013. 12. 30.〉
④ 학교의 장은 제3항에 따라 건강검사의 결과를 평가하고, 학생정신건강증진계획을 수립하기 위하여 제15조제1항에 따른 학교의사 또는 학교약사에게 자문을 할 수 있다.〈개정 2013. 12. 30.〉

제7조의3【건강검사기록】
① 학교의 장은 제7조에 따라 건강검사를 하였을 때에는 그 결과를 교육부령으로 정하는 기준에 따라 작성·관리하여야 한다.〈개정 2008. 2. 29., 2013. 3. 23.〉
② 학교의 장이 제1항에 따라 건강검사 결과를 작성·관리할 때에「초·중등교육법」제30조의4에 따른 교육정보시스템을 이용하여 처리하여야 하는 자료는 다음과 같다.〈개정 2008. 2. 29., 2013. 3. 23.〉
1. 인적사항
2. 신체의 발달상황 및 능력
3. 그 밖에 교육목적을 이루기 위하여 필요한 범위에서 교육부령으로 정하는 사항

③ 학교의 장은 소속 학교의 학생이 전출하거나 고등학교까지의 상급학교에 진학할 때에는 그 학교의 장에게 제1항에 따른 자료를 넘겨 주어야 한다.
[전문개정 2007. 12. 14.]

제8조 【등교 중지】

① _____ 은 제7조에 따른 _____ 에 대하여 _____ 으로 정하는 바에 따라 등교를 중지시킬 수 있다.〈개정 2009. 12. 29., 2020. 10. 20.〉

② 교육부장관은 감염병으로 인하여 「재난 및 안전관리 기본법」 제38조제2항에 따른 주의 이상의 위기경보가 발령되는 경우 다음 각 호의 어느 하나에 해당하는 학생 또는 교직원에 대하여 질병관리청장과 협의하여 등교를 중지시킬 것을 학교의 장에게 명할 수 있다. 이 경우 해당 학교의 관할청을 경유하여야 한다.〈신설 2020. 10. 20.〉

1. 「검역법」 제2조제7호에 따른 검역관리지역 또는 같은 조 제8호에 따른 중점검역관리지역에 체류하거나 그 지역을 경유한 사람으로서 같은 조 제1호에 따른 검역감염병의 감염이 우려되는 사람

제22조 【등교 등의 중지】

① 학교의 장은 법 제8조에 따라 학생과 교직원 중 다음 각 호의 어느 하나에 해당하는 사람에 대하여 등교중지를 명할 수 있다.〈개정 2010. 12. 29., 2016. 8. 29.〉

1. 「감염병의 예방 및 관리에 관한 법률」 제2조에 따른 감염병환자, 감염병의사환자 및 병원체보유자(이하 "_____"이라 한다). 다만, 의사가 다른 사람에게 감염될 우려가 없다고 진단한 사람은 제외한다.

2. 제1호 외의 환자로서 _____

② 학교의 장이 제1항에 따라 등교중지를 명할 때에는 _____ 을 구체적으로 밝혀야 한다. 다만, 질환증세 또는 질병유행의 양상에 따라 필요한 경우에는 그 기간을 단축하거나 연장할 수 있다.

제10조의2 【감염병 정보의 공유 등】

① 교육부장관과 보건복지부장관은 법 제14조의3제4항에 따라 영 제22조의2제2항에 따른 감염병 정보를 _____ 등의 방법 중 가장 신속하고 적합한 방법으로 공유하여야 한다.

② 교육부장관은 학교에서 감염병을 예방하기 위하여 법 제14조의3제4항에 따라 보건복지부장관과 공유한 정보를 교육감 및 학교의 장에게 제공할 수 있다.

③ 제2항에 따라 정보를 제공받은 교육감 및 학교의 장은 법 제8조 및 제14조에 따른 감염병 관련 업무 이외의 목적으로 해당 정보를 활용할 수 없다.

④ 학교에 감염병에 걸렸거나 걸린 것으로 의심이 되는 학생 및 교직원이 있는 경우 법 제14조의3제5항에 따라 해당 학교의 장이 교육감을 경유하여 교육부장관에게 보고하여야 할 사항은 다음 각 호와 같다.

법 : 〈8〉 • 학교의 장 • 건강검사의 결과나 의사의 진단 결과 감염병에 감염되었거나 감염된 것으로 의심되거나 감염될 우려가 있는 학생 또는 교직원 • 대통령령
영 : 〈22〉 • 감염병환자등 • 의사가 감염성이 강한 질환에 감염되었다고 진단한 사람 • 그 사유와 기간
칙 : 〈10-2〉 • 지체 없이 구두, 전화(문자메시지 등을 포함한다), 팩스, 서면(전자문서를 포함한다)

2. 감염병 발생지역에 거주하는 사람 또는 그 지역에 출입하는 사람으로서 감염병에 감염되었을 것으로 의심되는 사람
3. 「감염병의 예방 및 관리에 관한 법률」 제42조제2항제1호에 따라 자가(自家) 또는 시설에 격리된 사람의 가족 또는 그 동거인
4. 그 밖에 학교 내 감염병의 차단과 확산 방지 등을 위하여 등교 중지가 필요하다고 인정되는 사람

③ 제2항에 따른 명을 받은 학교의 장은 해당 학생 또는 교직원에 대하여 지체 없이 등교를 중지시켜야 한다.〈신설 2020. 10. 20.〉

[전문개정 2007. 12. 14.]

1. 해당 학생 및 교직원의 감염병명 및 감염병의 발병일·진단일
2. 해당 학생 및 교직원의 소속
3. 해당 학생 및 교직원에 대한 조치 사항

⑤ 제4항에 따른 보고는 서면(전자문서를 포함한다)으로 하되, 「초·중등교육법」 제2조에 따른 학교의 경우에는 같은 법 제30조의4에 따른 교육정보시스템을 통하여 할 수 있다.

⑥ 교육부장관은 법 제14조의3제6항에 따라 감염병 정보를 공개할 때에는 「정보통신망 이용촉진 및 정보보호 등에 관한 법률」 제2조제1항제1호에 따른 정보통신망에 게재하거나 보도자료를 배포하는 등의 방법으로 하여야 한다.

⑦ 제6항에 따른 정보의 당사자는 공개된 사항 중 사실과 다르거나 의견이 있는 경우 교육부장관에게 구두, 서면 등의 방법으로 이의신청을 할 수 있으며, 교육부장관은 이에 따라 공개된 정보의 정정 등 필요한 조치를 하여야 한다.

[본조신설 2016. 9. 1.]

제8조의2 【등교 중지를 위한 개인정보의 처리 등】 교육부장관, 관계 중앙행정기관(그 소속기관을 포함한다)의 장, 교육감 및 학교의 장은 제8조제2항에 따른 등교 중지를 위하여 필요한 경우 「개인정보 보호법」 제24조에 따른 고유식별정보를 처리할 수 있다. 이 경우 개인정보의 보호에 관한 사항은 「개인정보 보호법」에 따른다.

제9조【학생의 보건관리】 학교의 장은 학생의 신체발달 및 체력증진, 질병의 치료와 예방, 음주·흡연과 마약류를 포함한 약물 오용(誤用)·남용(濫用)의 예방, 성교육,   의 과의존 예방,   중독의 예방 및 정신건강 증진 등을 위하여 보건교육을 실시하고 필요한 조치를 하여야 한다.

제9조의2【보건교육 등】
① 교육부장관은 「유아교육법」 제2조제2호에 따른 유치원 및 「초·중등교육법」 제2조에 따른 학교에서 모든 학생들을 대상으로   을 포함한 보건교육을 체계적으로 실시하여야 한다. 이 경우 보건교육의 실시 시간, 도서 등 그 운영에 필요한 사항은 교육부장관이 정한다.〈개정 2008. 2. 29., 2013. 3. 23., 2013. 12. 30., 2016. 12. 20.〉
② 「유아교육법」 제2조제2호에 따른 유치원의 장 및 「초·중등교육법」 제2조에 따른 학교의 장은 교육부령으로 정하는 바에 따라 매년 교직원을 대상으로 심폐소생술 등 응급처치에 관한 교육을 실시하여야 한다.〈신설 2013. 12. 30., 2016. 12. 20.〉
③ 「유아교육법」 제2조제2호에 따른 유치원의 장 및 「초·중등교육법」 제2조에 따른 학교의 장은 제2항에 따른 응급처치에 관한 교육과 연관된 프로그램의 운영 등을 관련 전문기관·단체 또는 전

제10조【응급처치교육 등】
① 학교의 장이 법 제9조의2제2항에 따라 교직원을 대상으로   을 실시하는 경우 응급처치교육의 계획·내용 및 시간 등은 별표 9와 같다.
② 학교의 장은 응급처치교육을 실시한 후 해당 학년도의 교육 결과를   까지 교육감에게 제출하여야 한다.〈개정 2016. 9. 1.〉
③ 학교의 장은 공공기관, 「고등교육법」 제2조에 따른 학교, 「교원 등의 연수에 관한 규정」 제2조제2항의 연수원 중 교육감이 설치한 연수원 또는 의료기관에서 교직원으로 하여금 응급처치교육을 받게 할 수 있다. 이 경우 예산의 범위에서 소정의 비용을 지원할 수 있다.
[본조신설 2014. 7. 7.]

 정답
법: 〈9〉• 이동통신단말장치 등 전자기기 • 도박
    〈9-2〉 심폐소생술 등 응급처치에 관한 교육
칙: 〈10〉 심폐소생술 등 응급처치에 관한 교육 • 다음 학년도가 시작되기 30일 전

문가에게 위탁할 수 있다.〈신설 2016. 12. 20.〉
[본조신설 2007. 12. 14.]
[제목개정 2013. 12. 30.]

제9조의3 【마약류 중독·오남용 예방교육】
① _____은 매년 관계 중앙행정기관의 장과 협의하여 「마약류 관리에 관한 법률」 제2조제1호에 따른 마약류에 대한 중독·오남용 예방교육 추진계획(이하 "마약중독예방교육 추진계획"이라 한다)을 수립·시행하여야 한다.
② 교육부장관과 교육감은 마약중독예방교육 추진계획에 따라 「초·중등교육법」 제2조에 따른 학교에서 학교의 장이 모든 학생들을 대상으로 마약류 중독·오남용 예방교육(이하 "마약중독예방교육"이라 한다)을 체계적으로 실시하도록 하여야 한다. 이 경우 마약중독예방교육은 다음 각 호의 교육과 연계하여 실시할 수 있다.
1. 제9조의2에 따른 보건교육
2. 「학교안전사고 예방 및 보상에 관한 법률」 제8조에 따른 _____
3. 「아동복지법」 제31조에 따른 아동의 안전에 대한 교육
③ 교육부장관과 식품의약품안전처장은 「마약류 관리에 관한 법률」 제51조의4에 따른 실태조사에 학생의 마약류 중독·오남용에 대한 실태조사와 마약중독예방교육에 대한 효과성 평가가 포함되도록 적극 협력하여야 한다.

정답 | 법: 〈9-3〉• 교육부장관   • 학교안전교육

④ 교육부장관은 마약중독예방교육 추진계획을 수립할 때 「마약류 관리에 관한 법률」 제51조의4에 따른 실태조사 결과를 반영하여야 한다.
⑤ 마약중독예방교육 추진계획의 수립 절차 등에 필요한 사항은 대통령령으로 정하고, 마약중독예방교육의 실시 시기·방법 등에 관하여 필요한 사항은 교육부령으로 정한다.

제10조 【예방접종 완료 여부의 검사】
① 초등학교와 중학교의 장은 학생이 새로 입학한 날부터 90일 이내에 시장·군수 또는 구청장(자치구의 구청장을 말한다. 이하 같다)에게 「감염병의 예방 및 관리에 관한 법률」 제27조에 따른 예방접종증명서를 발급받아 같은 법 제24조 및 제25조에 따른 예방접종을 모두 받았는지를 검사한 후 이를 교육정보시스템에 기록하여야 한다.〈개정 2009. 12. 29., 2016. 2. 3.〉
② 초등학교와 중학교의 장은 제1항에 따른 검사 결과 예방접종을 모두 받지 못한 입학생에게는 필요한 예방접종을 받도록 지도하여야 하며, 필요하면 관할 보건소장에게 예방접종 지원 등의 협조를 요청할 수 있다.
[전문개정 2007. 12. 14.]

제32조의2 【민감정보 및 고유식별정보의 처리】
① 학교의 장은 법 제7조에 따른 건강검사에 관한 사무를 수행하기 위하여 불가피한 경우 「개인정보 보호법」 제23조에 따른 건강에 관한 정보, 같은 법 시행령 제19조제1호 또는 제4호에 따른 주민등록번호 또는 외국인등록번호가 포함된 자료를 처리할 수 있다.〈개정 2016. 8. 29.〉
② 초등학교와 중학교의 장은 법 제10조에 따른 예방접종 완료 여부의 검사에 관한 사무를 수행하기 위하여 불가피한 경우 「개인정보 보호법」 제23조에 따른 건강에 관한 정보, 같은 법 시행령 제19조제1호 또는 제4호에 따른 주민등록번호 또는 외국인등록번호가 포함된 자료를 처리할 수 있다.〈개정 2016. 8. 29.〉
③ 시장·군수 또는 구청장(자치구의 구청장을 말하며, 시장·군수 또는 구청장의 해당 권한이 위임·위탁된 경우에는 그 권한을 위임·위탁받은 자를 포함한다)은 법 제14조의2에 따른 감염병 예방접종의 시행에 관한 사무를 수행하기 위하여 불

정답 법: 〈10〉 • 90일 • 교육정보시스템

가피한 경우 「개인정보 보호법」 제23조에 따른 건강에 관한 정보, 같은 법 시행령 제19조제1호 또는 제4호에 따른 주민등록번호 또는 외국인등록번호가 포함된 자료를 처리할 수 있다.〈개정 2016. 8. 29., 2017. 2. 3.〉

④ 교육부장관, 질병관리청장, 교육감 또는 학교의 장은 다음 각 호의 사무를 수행하기 위하여 불가피한 경우 「개인정보 보호법」 제23조에 따른 건강에 관한 정보, 같은 법 시행령 제19조제1호 또는 제4호에 따른 주민등록번호 또는 외국인등록번호가 포함된 자료를 처리할 수 있다.〈신설 2016. 8. 29., 2020. 9. 11.〉

1. 법 제14조의3제4항에 따른 감염병정보의 공유에 관한 사무
2. 법 제14조의3제5항에 따른 감염병정보의 보고에 관한 사무
3. 법 제14조의3제6항에 따른 감염병정보의 공개에 관한 사무

[본조신설 2014. 8. 6.]

제11조【치료 및 예방조치 등】

① 은 제7조에 따른 건강검사의 결과 질병에 감염되었거나 감염될 우려가 있는 학생에 대하여 질병의 치료 및 예방에 필요한 조치를 하여야 한다.

정답 | 법 : 〈11〉• 학교의 장

② 학교의 장은 제7조제1항에 따라 학생에 대하여 제2조제1호의 정신건강 상태를 검사한 결과 필요하면 학생 정신건강 증진을 위한 다음 각 호의 조치를 하여야 한다.〈신설 2013. 12. 30.〉
1. 학생·학부모·교직원에 대한 정신건강 증진 및 이해 교육
2. 해당 학생에 대한 상담 및 관리
3. 해당 학생에 대한 전문상담기관 또는 의료기관 연계
4. 그 밖에 학생 정신건강 증진을 위하여 필요한 조치

③ 교육감은 검사비, 치료비 등 제2항 각 호의 조치에 필요한 비용을 지원할 수 있다.〈신설 2013. 12. 30.〉

④ 학교의 장은 제1항 및 제2항의 조치를 위하여 필요하면 보건소장에게 협조를 요청할 수 있으며 보건소장은 정당한 이유 없이 이를 거부할 수 없다.〈개정 2013. 12. 30.〉

[전문개정 2007. 12. 14.]
[제목개정 2013. 12. 30.]

제12조【학생의 안전관리】학교의 장은 학생의 안전사고를 예방하기 위하여 학교의 시설·장비의 점검 및 개선, 학생에 대한 ____, 그 밖에 필요한 조치를 하여야 한다.

 정답 | 법 : 〈12〉 • 안전교육

제13조【교직원의 보건관리】학교의 장은 제7조제1항에 따른 건강검사 결과 필요하거나 건강검사를 갈음하는 건강검진의 결과 필요하면 교직원에 대하여 _____와 _____ 등 필요한 조치를 하여야 한다.		
제14조【질병의 예방】 ① 학교의 장은 감염병 예방과 학교의 보건에 필요하면 _____을 할 수 있다. ② 관할청은 감염병 예방과 학교의 보건에 필요하면 해당 학교에 대하여 다음 각 호의 어느 하나에 해당하는 조치를 명할 수 있다. 다만, 교육부장관은 제2조제3호가목의 학교의 경우에는 그 권한을 교육감에게 위임할 수 있다. 　1. _____ 　2. _____ ③ 제1항 및 제2항에도 불구하고 감염병으로 인하여 「재난 및 안전관리 기본법」 제38조제2항에 따른 주의 이상의 위기경보가 발령되어 제1항 또는 제2항에 따른 조치를 하는 경우 학교의 장은 관할청의 동의를, 교육감은 교육부장관의 동의를 받아야 한다. [전문개정 2020. 10. 20.]		

정답　법: 〈13〉 • 질병 치료　• 근무여건 개선
　　　　〈14〉 • 휴업　• 학년 또는 학교 전체에 대한 휴업 또는 등교수업일 조정　• 휴교(휴원을 포함한다)

제14조의2 【감염병 예방접종의 시행】 시장·군수 또는 구청장이 「감염병의 예방 및 관리에 관한 법률」 제24조 및 제25조에 따라 학교의 학생 또는 교직원에게 감염병의 필수 또는 임시 예방접종을 할 때에는 그 학교의 학교의사 또는 보건교사(간호사 면허를 가진 보건교사로 한정한다. 이하 같다)를 접종요원으로 위촉하여 그들로 하여금 접종하게 할 수 있다. 이 경우 보건교사에 대하여는   을 적용하지 아니한다.

제32조의2 【민감정보 및 고유식별정보의 처리】
① 학교의 장은 법 제7조에 따른 건강검사에 관한 사무를 수행하기 위하여 불가피한 경우 「개인정보 보호법」 제23조에 따른 건강에 관한 정보, 같은 법 시행령 제19조제1호 또는 제4호에 따른 주민등록번호 또는 외국인등록번호가 포함된 자료를 처리할 수 있다.〈개정 2016. 8. 29.〉
② 초등학교와 중학교의 장은 법 제10조에 따른 예방접종 완료 여부의 검사에 관한 사무를 수행하기 위하여 불가피한 경우 「개인정보 보호법」 제23조에 따른 건강에 관한 정보, 같은 법 시행령 제19조제1호 또는 제4호에 따른 주민등록번호 또는 외국인등록번호가 포함된 자료를 처리할 수 있다.〈개정 2016. 8. 29.〉
③ 시장·군수 또는 구청장(자치구의 구청장을 말하며, 시장·군수 또는 구청장의 해당 권한이 위임·위탁된 경우에는 그 권한을 위임·위탁받은 자를 포함한다)은 법 제14조의2에 따른 감염병 예방접종의 시행에 관한 사무를 수행하기 위하여 불가피한 경우 「개인정보 보호법」 제23조에 따른 건강에 관한 정보, 같은 법 시행령 제19조제1호 또는 제4호에 따른 주민등록번호 또는 외국인등록번호가 포함된 자료를 처리할 수 있다.〈개정 2016. 8. 29., 2017. 2. 3.〉

 정답 | 법: 〈14-2〉 • 「의료법」 제27조제1항

④ 교육부장관, 질병관리청장, 교육감 또는 학교의 장은 다음 각 호의 사무를 수행하기 위하여 불가피한 경우 「개인정보 보호법」 제23조에 따른 건강에 관한 정보, 같은 법 시행령 제19조제1호 또는 제4호에 따른 주민등록번호 또는 외국인등록번호가 포함된 자료를 처리할 수 있다.〈신설 2016. 8. 29., 2020. 9. 11.〉
1. 법 제14조의3제4항에 따른 감염병정보의 공유에 관한 사무
2. 법 제14조의3제5항에 따른 감염병정보의 보고에 관한 사무
3. 법 제14조의3제6항에 따른 감염병정보의 공개에 관한 사무

[본조신설 2014. 8. 6.]

제14조의3【감염병예방대책의 마련 등】

① 교육부장관은 감염병으로부터 학생과 교직원을 보호하기 위하여 다음 각 호의 사항이 포함된 대책(이하 "감염병예방대책"이라 한다)을 마련하여야 한다. 이 경우 행정안전부장관 및 질병관리청장과 협의하여야 한다.〈개정 2017. 7. 26., 2020. 8. 11.〉
1. 감염병의 예방·관리 및 후속조치에 관한 사항
2. 감염병 대응 관련 매뉴얼에 관한 사항
3. 감염병과 관련한 학교의 보건·위생에 관한 사항
4. 그 밖에 감염병과 관련하여 대통령령으로 정하는 사항

제22조의2【감염병예방대책의 마련 등】

① 법 제14조의3제1항제4호에서 "대통령령으로 정하는 사항"이란 다음 각 호의 사항을 말한다.〈개정 2019. 7. 2.〉
1. 감염병 예방·관리에 필요한 교육에 관한 사항
2. 감염병 대응 능력 강화를 위한 가상연습 등 실제 상황 대비 훈련에 관한 사항
3. 감염병 방역에 필요한 물품의 비축 및 시설의 구비에 관한 사항
4. 그 밖에 감염병의 예방·관리를 위하여 교육부장관이 필요하다고 인정하는 사항

제10조의2【감염병 정보의 공유 등】

① 교육부장관과 보건복지부장관은 법 제14조의3제4항에 따라 영 제22조의2제2항에 따른 감염병 정보를 지체 없이   등의 방법 중 가장 신속하고 적합한 방법으로 공유하여야 한다.
② 교육부장관은 학교에서 감염병을 예방하기 위하여 법 제14조의3제4항에 따라 보건복지부장관과 공유한 정보를 교육감 및 학교의 장에게 제공할 수 있다.

 정답: 〈10-2〉• 구두, 전화(문자메시지 등을 포함한다), 팩스, 서면(전자문서를 포함한다)

② 교육부장관은 제1항에 따라 감염병예방대책을 마련한 때에는 특별시장·광역시장·특별자치시장·도지사·특별자치도지사, 교육감 및 학교에 알려야 한다.
③ 교육감은 교육부장관의 감염병예방대책을 토대로 지역 실정에 맞는 감염병 예방 세부 대책을 마련하여야 한다.
④ 교육부장관과 질병관리청장은 학교에서 감염병을 예방하기 위하여 긴밀한 협력 체계를 구축하고 감염병 발생 현황에 관한 정보 등 대통령령으로 정하는 정보(이하 "　　　　"라 한다)를 공유하여야 한다.〈개정 2020. 8. 11.〉
⑤ 학교의 장은 해당 학교에 감염병에 걸렸거나 의심이 되는 학생 및 교직원이 있는 경우 즉시 교육감을 거쳐 교육부장관에게 보고하여야 한다.〈개정 2021. 3. 23.〉
⑥ 교육부장관은 제4항에 따른 공유를 하였거나 제5항에 따른 보고를 받은 경우 감염병의 확산을 방지하기 위하여 감염병정보를 신속히 공개하여야 한다.
⑦ 제4항부터 제6항까지에 따른 공유, 보고 및 공개의 방법과 절차는 교육부령으로 정한다.
[본조신설 2016. 3. 2.]

② 법 제14조의3제4항에서 "감염병 발생 현황에 관한 정보 등 대통령령으로 정하는 정보"란 「감염병의 예방 및 관리에 관한 법률」에 따른 제1급감염병이 국내에서 새롭게 발생하였거나 국내에 유입된 경우 또는 같은 법 제41조제1항에 따라 질병관리청장이 고시한 감염병에 대하여 「재난 및 안전관리 기본법」 제38조제2항에 따른 주의 이상의 위기경보가 발령된 경우 해당 감염병에 관한 다음 각 호의 정보를 말한다.〈개정 2020. 9. 11., 2023. 2. 14.〉
1. 　　　
2. 감염병의 발생 현황 또는 유입 경로
3. 감염병환자등(학생 및 교직원에 한정한다)의 발병일·진단일·이동경로·이동수단 및 접촉자 현황
4. 그 밖에 교육부장관 또는 질병관리청장이 감염병의 예방 및 확산을 방지하기 위하여 필요하다고 인정하는 정보
[본조신설 2016. 8. 29.]

③ 제2항에 따라 정보를 제공받은 교육감 및 학교의 장은 법 제8조 및 제14조에 따른 감염병 관련 업무 이외의 목적으로 해당 정보를 활용할 수 없다.
④ 학교에 감염병에 걸렸거나 걸린 것으로 의심이 되는 학생 및 교직원이 있는 경우 법 제14조의3제5항에 따라 해당 학교의 장이 교육감을 경유하여 교육부장관에게 보고하여야 할 사항은 다음 각 호와 같다.
1. 해당 학생 및 교직원의 　　　 및 　　　
2. 해당 학생 및 교직원의 소속
3. 해당 학생 및 교직원에 대한 조치 사항
⑤ 제4항에 따른 보고는 서면(전자문서를 포함한다)으로 하되, 「초·중등교육법」 제2조에 따른 학교의 경우에는 같은 법 제30조의4에 따른 교육정보시스템을 통하여 할 수 있다.
⑥ 교육부장관은 법 제14조의3제6항에 따라 감염병 정보를 공개할 때에는 「정보통신망 이용촉진 및 정보보호 등에 관한 법률」 제2조제1항제1호에 따른 정보통신망에 게재하거나 보도자료를 배포하는 등의 방법으로 하여야 한다.
⑦ 제6항에 따른 정보의 당사자는 공개된 사항 중 사실과 다르거나 의견이 있는 경우 교육부장관에게 구두, 서면 등의 방법으로 이의신청을 할 수 있으며, 교육부장관은 이에 따라 공개된 정보의 정정 등 필요한 조치를 하여야 한다.
[본조신설 2016. 9. 1.]

 정답
법: 〈14-3〉 • 감염병정보
영: 〈22-2〉 • 감염병명
칙: 〈10-2〉 • 감염병명　• 감염병의 발병일·진단일

제14조의4 【감염병대응매뉴얼의 작성 등】 ① _____은 학교에서 감염병에 효과적으로 대응하기 위하여 질병관리청장과의 협의를 거쳐 감염병 유형에 따른 대응 매뉴얼(이하 "감염병대응매뉴얼"이라 한다)을 작성·배포하여야 한다.〈개정 2020. 8. 11.〉 ② 감염병대응매뉴얼의 작성·배포 등에 필요한 사항은 대통령령으로 정한다. [본조신설 2016. 3. 2.]	제22조의3 【감염병대응매뉴얼의 작성 및 배포 등】 ① 법 제14조의4제1항에 따라 작성·배포하여야 하는 감염병 유형에 따른 대응 매뉴얼(이하 "감염병대응매뉴얼"이라 한다)에는 다음 각 호의 사항이 포함되어야 한다. 1. 감염병 유형에 따른 학생 및 교직원의 행동 요령에 관한 사항 2. 감염병 유형에 따른 예방·대비·대응 및 복구 단계별 조치에 관한 사항 ② 교육부장관은 감염병대응매뉴얼을 배포하는 경우에는 전자적 파일이나 인쇄물의 형태로 배포할 수 있다. ③ 교육감 및 학교의 장은 감염병의 예방·대비·대응 및 복구 조치에 관한 업무를 추진할 때 감염병대응매뉴얼을 활용하여야 한다.〈개정 2017. 2. 3., 2023. 2. 14.〉 ④ 교육감 및 학교의 장은 각 지역 또는 학교의 특성을 반영한 내용을 감염병대응매뉴얼에 추가·보완할 수 있다. [본조신설 2016. 8. 29.]	
제15조 【학교에 두는 의료인·약사 및 보건교사】 ① 학교에는 대통령령으로 정하는 바에 따라 학생과 교직원의 건강관리를 지원하는 「의료법」 제2조제1항에 따른 의료인과 「약사법」 제2조제2호에 따른 약사를 둘 수 있다.〈개정 2012. 1. 26.〉	제23조 【학교에 두는 의료인·약사 및 보건교사】 ① 삭제〈2021. 12. 9.〉 ② 법 제15조제1항에 따라 학교에 두는 의료인·약사는 학교장이 ____하거나 ____한다.〈개정 2021. 12. 9.〉	

정답
법: 〈14-4〉 • 교육부장관
영: 〈23〉 • 위촉 • 채용

② 학교(「고등교육법」제2조 각 호에 따른 학교는 제외한다. 이하 이 조 및 제15조의2에서 같다)에 제9조의2에 따른 보건교육과 학생들의 건강관리를 담당하는 보건교사를 두어야 한다. 다만, 대통령령으로 정하는 일정 규모 이하의 학교에는 순회보건교사를 둘 수 있다.〈개정 2021. 6. 8.〉

③ 제2항에 따라 보건교사를 두는 경우 대통령령으로 정하는 일정 규모 이상의 학교에는 ___ 이상의 보건교사를 두어야 한다.〈신설 2021. 6. 8.〉

[전문개정 2007. 12. 14.]
[제목개정 2012. 1. 26.]

③ 법 제15조제3항에서 "대통령령으로 정하는 일정 규모 이상의 학교"란 ___ 이상의 학교를 말한다.〈신설 2021. 12. 9.〉

④ 법 제15조제1항에 따라 학교에 두는 의사(치과의사 및 한의사를 포함하며, 이하 "학교의사"라 한다) 및 학교에 두는 약사(이하 "학교약사"라 한다)와 같은 조 제2항·제3항에 따른 보건교사의 직무는 다음 각 호와 같다.〈개정 2021. 12. 9.〉

1. 학교의사의 직무
   가. 학교보건계획의 수립에 관한 자문
   나. 학교 환경위생의 유지·관리 및 개선에 관한 자문
   다. 학생과 교직원의 건강진단과 건강평가
   라. 각종 질병의 예방처치 및 보건지도
   마. 학생과 교직원의 건강상담
   바. 그 밖에 학교보건관리에 관한 지도

2. 학교약사의 직무
   가. 학교보건계획의 수립에 관한 자문
   나. 학교환경위생의 유지관리 및 개선에 관한 자문
   다. 학교에서 사용하는 의약품과 독극물의 관리에 관한 자문
   라. 학교에서 사용하는 의약품 및 독극물의 실험·검사
   마. 그 밖에 학교보건관리에 관한 지도

정답
법: 〈15〉 • 2명
영: 〈23〉 • 36학급

3. ▨▨▨▨▨▨
   가. 학교보건계획의 수립
   나. 학교 환경위생의 유지·관리 및 개선에 관한 사항
   다. 학생과 교직원에 대한 건강진단의 준비와 실시에 관한 협조
   라. 각종 질병의 ▨▨▨▨▨▨
   마. 학생과 교직원의 건강관찰과 학교의사의 건강상담, 건강평가 등의 실시에 관한 협조
   바. 신체가 허약한 학생에 대한 ▨▨▨▨
   사. 보건지도를 위한 학생가정 방문
   아. 교사의 보건교육 협조와 필요시의 보건교육
   자. 보건실의 시설·설비 및 약품 등의 관리
   차. 보건교육자료의 수집·관리
   카. 학생건강기록부의 관리
   타. 다음의 ▨▨▨▨ (간호사 면허를 가진 사람만 해당한다)
      1) 외상 등 흔히 볼 수 있는 환자의 치료
      2) 응급을 요하는 자에 대한 응급처치
      3) 부상과 질병의 악화를 방지하기 위한 처치
      4) 건강진단결과 발견된 질병자의 요양지도 및 관리
      5) 1)부터 4)까지의 의료행위에 따르는 의약품 투여
   파. 그 밖에 학교의 보건관리

[제목개정 2021. 12. 9.]

정답 영: ⟨23⟩ • 보건교사의 직무 • 예방처치 및 보건지도 • 보건지도 • 의료행위

제15조의2 【응급처치 등】

① ▨▨▨▨ 은 사전에 ▨▨▨▨▨▨▨▨▨▨▨ 을 받아 제15조제2항 및 제3항에 따른 보건교사 또는 순회 보건교사(이하 이 조에서 "보건교사등"이라 한다)로 하여금 ▨▨▨▨▨▨▨▨▨▨▨▨▨▨▨▨▨▨▨▨▨▨ 하게 할 수 있다. 이 경우 보건교사등에 대하여는 「의료법」 제27조제1항을 적용하지 아니한다. <개정 2021. 6. 8.>

② 보건교사등이 제1항에 따라 생명이 위급한 학생에게 응급처치를 제공하여 발생한 재산상 손해와 사상(死傷)에 대하여 고의 또는 중대한 과실이 없는 경우 해당 보건교사등은 ▨▨▨ 과 상해(傷害)에 대한 ▨▨▨ 을 지지 아니하며 사망에 대한 형사책임은 감경하거나 면제할 수 있다.

③ ▨▨▨▨ 은 질병이나 장애로 인하여 특별히 관리·보호가 필요한 학생을 위하여 보조인력을 둘 수 있다. 이 경우 보조인력의 역할, 요건 등에 관하여는 교육부령으로 정한다.

[본조신설 2017. 11. 28.]

제16조 【보건기구의 설치 등】 교육감 및 교육장 소속으로 대통령령으로 정하는 바에 따라 학교의 보건관리에 필요한 기구(機構)와 공무원을 둘 수 있다.

제11조 【보조인력의 역할 등】

① 법 제15조의2제3항에 따른 보조인력(이하 "보조인력"이라 한다)은 같은 조 제1항에 따른 보건교사등(이하 "보건교사등"이라 한다)의 지시를 받아 질병이나 장애로 인하여 특별히 관리·보호가 필요한 학생에 대해서 보건교사등이 행하는 다음 각 호의 활동을 보조한다.

1. 법 제15조의2제1항에 따른 투약행위 등 응급처치
2. 각종 질병의 예방처치, 건강관찰 및 건강상담 협조 등의 보건활동

② 보조인력은 ▨▨▨▨▨▨▨▨▨▨ 있어야 한다.

[본조신설 2018. 5. 25.]

 정답

법: <15-2> • 학교의 장 • 학부모의 동의와 전문의약품을 처방한 의사의 자문 • 제1형 당뇨로 인한 저혈당쇼크 또는 아나필락시스 쇼크로 인하여 생명이 위급한 학생에게 투약행위 등 응급처치를 제공 • 민사책임 • 형사책임 • 학교의 장

칙: <11> • 「의료법」 제7조에 따른 간호사 면허가

제16조의2 【학생건강증진 전문기관의 설립 등】
① _____은 교육감과 협의하여 학생의 신체 및 정신건강 증진을 지원하기 위하여 다음 각 호의 업무를 수행하기 위한 전문기관(이하 "학생건강증진 전문기관"이라 한다)을 설립하거나 지정할 수 있다.
1. 기본계획 수립의 지원
2. 국내외 학생의 신체 및 정신건강에 관한 정보·자료의 수집·분석, 통계 작성 및 간행물 발간
3. 학생의 신체 및 정신건강에 대한 교육자료 개발
4. 학생의 신체 및 정신건강을 위한 교직원 및 관계자, 학부모 등에 대한 교육훈련 및 지원
5. 학생의 건강증진과 관련한 정보시스템 구축·운영
6. 그 밖에 학생의 건강증진을 위하여 교육부장관이 필요하다고 인정한 업무
② 교육감은 다음 각 호의 업무를 수행하기 위하여 관할 지역에 _____를 설치·운영할 수 있다.
1. 학생의 신체발달 상황 및 생활습관, 정신건강 상태 등의 실태조사
2. 학생의 건강증진 개선을 위한 프로그램의 개발·운영
3. 학생의 신체 및 정신건강 증진을 위한 상담
4. 건강이 취약한 학생에 대한 지원

제23조의2 【학생건강증진 전문기관의 설립 등】
① 교육부장관은 법 제16조의2제1항에 따라 학생건강증진 전문기관(이하 "학생건강증진전문기관"이라 한다)을 설립하거나 다음 각 호의 기관 또는 법인 중에서 학생건강증진전문기관을 지정할 수 있다.
1. 「고등교육법」 제2조제1호에 따른 대학 또는 그 부속병원
2. 특별법에 따라 설립된 법인
② 제1항에 따라 학생건강증진전문기관으로 지정받으려는 기관 또는 법인은 다음 각 호의 기준을 모두 갖추어야 한다.
1. 학생건강증진전문기관으로서 업무수행에 필요한 조직과 인력을 보유할 것
2. 학생건강증진전문기관으로서 업무수행에 필요한 사무실, 장비·시설을 갖출 것
3. 학생건강증진전문기관으로서 업무수행에 필요한 사업계획 및 운영규정을 갖출 것
③ 제2항에 따라 학생건강증진전문기관이 갖추어야 하는 기준의 세부 내용은 교육부장관이 정하여 고시한다.
④ 교육부장관은 학생건강증진전문기관을 지정하려는 경우에는 제2항에 따른 기준이 포함된 지정계획을 10일 이상 관보 또는 교육부 인터넷 홈페이지에 공고해야 한다.

 정답 | 법: 〈16-2〉 • 교육부장관 • 학생건강증진센터

5. 그 밖에 학생의 건강증진을 위하여 교육감이 필요하다고 정하는 사항
③ 국가 또는 지방자치단체는 예산의 범위에서 학생건강증진 전문기관과 학생건강증진센터의 설립·운영 등에 필요한 경비를 출연할 수 있다.
④ 학생건강증진 전문기관과 학생건강증진센터의 설립·지정 및 운영 등에 필요한 사항은 대통령령으로 정한다.
[본조신설 2021. 9. 24.]

⑤ 학생건강증진전문기관으로 지정받으려는 기관 또는 법인은 지정신청서에 다음 각 호의 서류를 첨부하여 교육부장관에게 제출해야 한다.
1. 업무수행에 필요한 조직·인력의 보유 현황이나 확보 계획
2. 업무수행에 필요한 사무실, 장비·시설의 보유 현황이나 확보 계획
3. 업무수행에 필요한 사업계획 및 운영규정
⑥ 교육부장관은 학생건강증진전문기관을 지정한 경우에는 관보 또는 교육부 인터넷 홈페이지에 그 사실을 게시해야 한다.
⑦ 제1항부터 제6항까지에서 규정한 사항 외에 학생건강증진전문기관의 지정·운영에 필요한 사항은 교육부장관이 정하여 고시한다.
[본조신설 2023. 2. 14.]

제23조의3 【학생건강증진센터의 설치 등】
① 법 제16조의2제2항에 따라 교육감이 설치·운영하는 학생건강증진센터(이하 "학생건강증진센터"라 한다)는 다음 각 호의 기준을 모두 갖추어야 한다.
1. 학생건강증진센터로서 업무수행에 필요한 조직과 인력을 보유할 것
2. 학생건강증진센터로서 업무수행에 필요한 사무실, 장비·시설을 갖출 것
② 제1항에 따라 학생건강증진센터가 갖추어야 하는 기준의 세부 내용은 시·도의 교육규칙으로 정한다.

	③ 제1항 및 제2항에서 규정한 사항 외에 학생건강증진센터의 설치·운영에 필요한 사항은 시·도의 교육규칙으로 정한다. [본조신설 2023. 2. 14.]	
제17조 【학교보건위원회】 ① 제2조의2에 따른 기본계획 및 학교보건의 중요시책을 심의하기 위하여 교육감 소속으로 시·도학교보건위원회를 둔다.〈개정 2008. 2. 29., 2012. 1. 26.〉 ② 시·도학교보건위원회는 학교의 보건에 경험이 있는 ■명 이내의 위원으로 구성한다.〈개정 2012. 1. 26.〉 ③ 시·도학교보건위원회의 기능·운영과 그 밖에 필요한 사항은 대통령령으로 정한다.〈개정 2012. 1. 26.〉 [전문개정 2007. 12. 14.]	제24조 【보건위원회의 기능】 ① 삭제〈2012. 8. 13.〉 ② 법 제17조제1항에 따른 시·도학교보건위원회(이하 "보건위원회"라 한다)는 다음 각 호의 사항을 심의한다.〈개정 2012. 8. 13.〉 1. 학생과 교직원의 건강증진에 관한 시·도의 중·장기 기본계획 2. 학교보건과 관련되는 시·도의 조례 또는 교육규칙의 제정·개정안 3. 교육감이 회의에 부치는 학교보건정책 등에 관한 사항 4. 삭제〈2017. 2. 3.〉	
제18조 【경비 보조】 국가나 지방자치단체는 제3조에 따른 시설과 기구 및 용품 구매, 제4조의3에 따른 공기를 정화하는 설비 및 미세먼지를 측정하는 기기 설치, 제7조제1항에 따른 건강검사에 드는 경비의 전부 또는 일부를 보조한다.		

정답 법:〈17〉· 15

제18조의2 【비밀누설금지 등】 이 법에 따라 교직원 및 학생에 대한 건강검사와 관련된 업무를 수행하거나 수행하였던 사람은 그 직무상 알게 된 비밀을 다른 사람에게 누설하거나 직무상 목적 외의 용도로 이용하여서는 아니 된다.		
제19조 【벌칙】 ① 제18조의2를 위반하여 직무상 알게 된 비밀을 다른 사람에게 누설하거나 직무상 목적 외의 용도로 이용한 사람은 3년 이하의 징역 또는 3천만원 이하의 벌금에 처한다.〈신설 2013. 12. 30., 2021. 3. 23.〉 ② 삭제〈2016. 2. 3.〉 [전문개정 2007. 12. 14.]		

(2) 위임조문 3단 비교

학교보건법 [법률 제18640호, 2021. 12. 28., 일부개정]	학교보건법 시행령 [대통령령 제33246호, 2023. 2. 14., 일부개정]	학교보건법 시행규칙 [교육부령 제270호, 2022. 6. 29., 일부개정]
제1조【목적】이 법은 학교의 보건관리에 필요한 사항을 규정하여 학생과 교직원의 건강을 보호·증진함을 목적으로 한다.		
제2조【정의】이 법에서 사용하는 용어의 뜻은 다음과 같다. 1. "⬚⬚⬚⬚"란 신체의 발달상황 및 능력, 정신건강 상태, 생활습관, 질병의 유무 등에 대하여 조사하거나 검사하는 것을 말한다. 2. "학교"란 「유아교육법」 제2조제2호, 「초·중등교육법」 제2조 및 「고등교육법」 제2조에 따른 각 학교를 말한다. 3. "⬚⬚⬚"이란 다음 각 목의 구분에 따른 지도·감독기관을 말한다. 　가. 「유아교육법」 제7조제1호에 따른 국립유치원 및 「초·중등교육법」 제3조제1호에 따른 국립학교: 교육부장관 　나. 「유아교육법」 제7조제2호·제3호에 따른 공립유치원·사립유치원 및 「초·중등교육법」 제3조제2호·제3호에 따른 공립학교·사립학교: 교육감		

정답　법: ⟨2⟩ • 건강검사　• 관할청

다. 「고등교육법」 제2조에 따른 학교: 교육부장관 [전문개정 2007. 12. 14.]		
제2조의2 【국가와 지방자치단체의 의무】 국가와 지방자치단체는 학생과 교직원의 건강을 보호·증진하기 위한 기본계획을 수립·시행하고, 이에 필요한 시책을 마련하여야 한다.		
제2조의3 【학생건강증진 기본계획의 수립·시행】 ① 교육부장관은 ＿＿＿＿ 마다 학생의 신체 및 정신건강 증진을 위한 기본계획(이하 "기본계획"이라 한다)을 수립·시행하여야 한다. ② 기본계획에는 다음 각 호의 사항이 포함되어야 한다. 1. 학생의 건강증진을 위한 기본방향 및 목표 2. 학생의 건강증진을 위한 주요 추진과제 및 추진방법 3. 그 밖에 학생의 건강증진을 위하여 필요한 사항 ③ 교육부장관은 기본계획의 수립·시행에 필요한 자료의 제공 등을 관계 중앙행정기관의 장 및 그 밖의 기관·단체의 장에게 요청할 수 있다. 이 경우 자료의 제공 등을 요청받은 관계 중앙행정기관의 장 및 그 밖의 기관·단체의 장은 특별한 사유가 없으면 이에 따라야 한다. ④ 그 밖에 기본계획의 수립·시행에 필요한 사항은 대통령령으로 정한다. [본조신설 2021. 9. 24.]	제1조의2 【학생건강증진 기본계획의 수립 등】 ① 교육부장관은 「학교보건법」(이하 "법"이라 한다) 제2조의3제1항에 따라 학생의 신체 및 정신건강 증진을 위한 기본계획(이하 "학생건강증진기본계획"이라 한다)을 그 계획을 시행하는 해의 전년도 ＿＿＿＿ 까지 수립해야 한다. ② 교육부장관은 학생건강증진 정책의 변화나 관련 법령의 개정 등 학생건강증진기본계획을 변경할 필요가 있는 경우에는 학생건강증진기본계획을 변경할 수 있다. ③ 교육부장관은 학생건강증진기본계획을 수립 또는 변경하려는 경우에는 미리 관계 행정기관의 장 및 특별시·광역시·특별자치시·도·특별자치도(이하 "시·도"라 한다) 교육감(이하 "교육감"이라 한다)의 의견을 들어야 한다. ④ 교육부장관은 학생건강증진기본계획을 수립 또는 변경한 경우에는 지체 없이 관계 행정기관의 장 및 교육감에게 통보해야 한다. [본조신설 2023. 2. 14.]	

 정답   법: ⟨2-3⟩ • 5년
영: ⟨1-2⟩ • 10월 31일

| 제3조【보건시설 등】학교의 설립자·경영자는 대통령령으로 정하는 바에 따라 보건실을 설치하고 학교보건에 필요한 시설과 기구(器具) 및 용품을 갖추어야 한다. | 제2조【보건실의 설치기준 등】
① 법 제3조에 따른 보건실의 설치기준은 다음 각 호와 같다.〈개정 2012. 8. 13., 2013. 3. 23., 2023. 2. 14.〉
1. 위치: 학생과 교직원의 응급처치 등이 신속히 이루어질 수 있도록 이용하기 쉽고 통풍과 채광이 잘 되는 장소일 것
2. 면적: ▨▨▨▨ 이상. 다만, 교육부장관(「대학설립·운영 규정」 제1조에 따른 대학만 해당된다) 또는 교육감(「고등학교 이하 각급 학교 설립·운영 규정」 제2조에 따른 각급 학교만 해당된다)은 학생수 등을 고려하여 학생과 교직원의 건강관리에 지장이 없는 범위에서 그 면적을 완화할 수 있다.
② 제1항에 따른 보건실에는 학교보건에 필요한 다음 각 호의 시설과 기구(器具) 및 용품을 갖추어야 한다.〈개정 2019. 6. 18.〉
1. 학생과 교직원의 건강관리와 ▨▨▨▨ 등에 필요한 시설과 기구 및 용품
2. ▨▨▨▨ 및 ▨▨▨▨ 에 필요한 기구
③ 제2항에 따라 보건실에 갖추어야 하는 시설과 기구 및 용품의 구체적인 기준은 「초·중등교육법」 제3조에 따른 국립학교와 「고등교육법」 제2조 각 호에 따른 학교의 경우에는 교육부령으로 정하고, 「초·중등교육법」 제3조에 따른 공립학교 및 사립학교의 경우에는 시·도 교육규칙으로 정한다.〈개정 2012. 8. 13., 2013. 3. 23., 2019. 6. 18.〉
[제목개정 2019. 6. 18.] | 제2조【보건실의 시설과 기구 및 용품】「학교보건법 시행령」(이하 "영"이라 한다) 제2조제2항에 따라 보건실에 갖추어야 하는 시설과 기구(器具) 및 용품의 구체적인 기준은 별표 1과 같다. |

 정답 영: 〈1-2〉 • 66제곱미터 • 응급처치 • 학교환경위생 • 식품위생검사

제4조 【학교의 환경위생 및 식품위생】

① 학교의 장은 교육부령으로 정하는 바에 따라 학교시설[교사대지(校舍垈地)·체육장, 교사·체육관·기숙사 및 급식시설, 교사대지 또는 체육장 안에 설치되는 강당 등을 말한다. 이하 같다]에서의 환기·채광·조명·온도·습도의 조절과 유해중금속 등 유해물질의 예방 및 관리, 상하수도·화장실의 설치 및 관리, 오염공기·석면·폐기물·소음·휘발성유기화합물·세균·먼지 등의 예방 및 처리 등 환경위생과 식기·식품·먹는 물의 관리 등 식품위생을 적절히 유지·관리하여야 한다.〈개정 2008. 2. 29., 2013. 3. 23., 2019. 4. 23.〉

② 학교의 장은 제1항에 따라 학교시설에서의 환경위생 및 식품위생을 적절히 유지·관리하기 위하여 교육부령으로 정하는 바에 따라 연 2회 이상 점검하고, 그 결과를 기록·보존 및 보고하여야 한다. 이 경우 환경위생 점검을 위한 공기 질 점검 시 학교운영위원회 위원 또는 학부모가 참관을 요청하는 경우에는 이를 허용하여야 한다.〈개정 2008. 2. 29., 2013. 3. 23., 2019. 4. 2., 2019. 4. 23., 2021. 12. 28.〉

③ 학교의 장은 제2항에 따른 점검에 관한 업무를 교육부령으로 정하는 바에 따라 「환경분야 시험·검사 등에 관한 법률」 제16조에 따른 측정대행업자에게 위탁하거나 교육감에게 전문인력 등의 지원을 요청하여 수행할 수 있다.〈개정 2008. 2. 29., 2013. 3. 23.〉

제3조 【환경위생 및 식품위생의 유지관리】

① 「학교보건법」(이하 "법"이라 한다) 제4조에 따라 학교의 장이 유지·관리해야 하는 학교시설[교사대지(校舍垈地)·체육장, 교사·체육관·기숙사 및 급식시설, 교사대지 또는 체육장 안에 설치되는 강당 등을 말한다. 이하 같다]에서의 환경위생 및 식품위생에 관한 기준은 다음 각 호와 같다.〈개정 2005. 11. 14., 2008. 4. 28., 2018. 3. 27., 2019. 10. 24.〉

1. 환기·채광·조명·온습도의 조절기준과 환기설비의 구조 및 설치기준은 별표 2와 같다.
1의2. 유해중금속 등 유해물질의 예방 및 관리 기준은 별표 2의2와 같다.
2. 상하수도·화장실의 설치 및 관리기준은 별표 3과 같다.
3. 폐기물 및 소음의 예방 및 처리기준은 별표 4와 같다.
3의2. 공기 질 등의 유지·관리기준은 별표 4의2와 같다.
4. 식기·식품·먹는 물의 관리 등 식품위생에 관한 기준은 별표 5와 같다.

② 학교의 장은 학교시설에서의 환경위생 및 식품위생 상태가 제1항의 기준에 적합한지를 확인하기 위하여 점검을 실시해야 한다.〈개정 2019. 10. 24.〉

④ 학교의 장은 제2항과 제3항에 따른 점검 결과가 교육부령으로 정하는 기준에 맞지 아니한 경우에는 지체 없이 시설의 보완 등 필요한 조치를 하고 이를 교육부장관 및 교육감에게 보고하여야 한다.〈개정 2008. 2. 29., 2013. 3. 23., 2016. 3. 2., 2021. 12. 28.〉
⑤ 교육부장관이나 교육감은 제1항에 따른 환경위생과 식품위생을 적절히 유지·관리하기 위하여 필요하다고 인정하면 관계 공무원에게 학교에 출입하여 제2항에 따른 점검을 하거나 점검 결과의 기록 등을 확인하게 할 수 있으며, 개선이 필요한 경우에는 행정적·재정적 지원을 할 수 있다.〈개정 2008. 2. 29., 2013. 3. 23.〉
⑥ 학교의 장은 제2항 및 제4항에 따른 환경위생 및 식품위생 점검 결과 및 보완 조치를 학교의 인터넷 홈페이지 또는 교육부장관이 운영하는 공시 관련 홈페이지를 통하여 공개하여야 한다. 이 경우 측정된 수치는 최초측정과 재측정 이력을 포함하여야 한다.〈신설 2016. 3. 2., 2019. 4. 2.〉
⑦ 학교의 장은 제2항에 따른 학교시설의 환경위생 점검을 실시하여 심각한 유해물질의 지속적 발생의 가능성이 확인된 경우 관할 교육감에게 특별점검을 요청하여야 하고, 교육감은 이에 특별점검을 실시하고 대책을 수립·실행하여야 한다.〈신설 2019. 4. 23.〉
[전문개정 2007. 12. 14.]

③ 제2항에 따라 실시하는 점검의 종류 및 시기는 별표 6과 같이 하고, 점검방법 그 밖의 필요한 사항은 교육부장관이 정하여 이를 고시한다.〈개정 2005. 11. 14., 2008. 3. 4., 2008. 4. 28., 2013. 3. 23.〉
④ 학교의 장은 제2항 및 제3항에 따라 점검을 실시하였을 때에는 그 결과를 기록·비치해야 하고, 학교시설에서의 환경위생 및 식품위생의 상태가 제1항의 기준에 미달되는 경우에는 시설의 보완 등 필요한 조치를 강구해야 한다.〈개정 2005. 11. 14., 2008. 4. 28., 2019. 10. 24.〉
⑤ 삭제〈2019. 7. 3.〉

제3조의2【검사요청 등】
① 법 제4조에 따른 학교시설에서의 환경위생 및 식품위생을 유지·관리하기 위하여 학교의 장이 제3조제2항에 따른 점검을 실시하는 경우에는 교육감 또는 교육장에게 점검방법의 지도 및 전문인력 등의 지원을 요청하거나 환경위생 및 식품위생의 상태를 전문적으로 점검하는 기관에 의뢰하여 오염의 정도를 측정하게 할 수 있다.〈개정 2008. 4. 28., 2019. 10. 24.〉
② 교육감 또는 교육장은 제1항에 따라 지원요청을 받은 경우에는 소속 공무원으로 하여금 관할학교에 대하여 오염물질을 직접 검사하게 하거나 환경위생 및 식품위생의 상태를 전문적으로 점검하는 기관에 의뢰하여 오염의 정도를 측정하게 할 수 있다.〈개정 2008. 4. 28.〉
[본조신설 2005. 11. 14.]

제4조의2 【공기 질의 유지·관리 특례】
① 학교의 장은 제4조제2항에 따른 공기 질의 위생점검을 상·하반기에 각각 ▨ 이상 실시하여야 한다.
② 학교의 장은 제4조제2항 및 제3항에 따라 교사 안에서의 공기 질을 측정하는 장비에 대하여 교육부령으로 정하는 바에 따라 매년 ▨ 이상 정기적으로 점검을 실시하여야 한다. 〈개정 2021. 12. 28.〉
[본조신설 2019. 4. 2.]

제4조 【공기 질을 측정하는 장비에 대한 점검】 법 제4조의2제2항에 따라 실시해야 하는 교사 안에서의 공기의 질을 측정하는 장비에 대한 점검은 다음 각 호의 어느 하나에 해당하는 방법으로 한다.
1. 「국가표준기본법」 제3조제17호에 따른 소급성(遡及性) 확보를 위한 검사
2. 「환경분야 시험·검사 등에 관한 법률」 제11조제1항 본문에 따른 정도검사(精度檢査)
[본조신설 2019. 7. 3.]

제4조의3 【공기정화설비 등 설치】 학교(「고등교육법」 제2조에 따른 학교는 제외한다)의 장은 교사 안에서의 공기 질 관리를 위하여 교육부령으로 정하는 바에 따라 각 교실에 공기를 정화하는 설비 및 미세먼지를 측정하는 기기를 설치하여야 한다.

제5조 【공기정화설비 등의 설치】 법 제4조의3에 따라 학교(「고등교육법」 제2조에 따른 학교는 제외한다)의 장이 교사 안에서의 공기 질 관리를 위하여 각 교실에 설치해야 하는 공기를 정화하는 설비 및 미세먼지를 측정하는 기기는 다음 각 호와 같다.
1. 공기를 정화하는 설비: 다음 각 목의 어느 하나에 해당하는 설비
   가. 「실내공기질 관리법」 제2조제5호에 따른 공기정화설비
   나. 실내 공기 중의 분진을 추출하여 모으고 냄새를 탈취하는 기능이 있는 설비로서 내부에 먼지 제거부와 송풍기가 내장되어 있는 설비
   다. 그 밖에 교육부장관이 관계 중앙행정기관의 장과 협의하여 교실의 공기를 정화하기에 적합하다고 인정하여 고시하는 설비

 정답   법: 〈4-2〉 • 1회 • 2회

		2. 미세먼지를 측정하는 기기: 다음 각 목의 어느 하나에 해당하는 기기 　가. 제1호 각 목의 어느 하나에 해당하는 설비에 부착되어 있는 부속품 형태의 측정기기로서 미세먼지의 농도를 표시하는 기능이 탑재된 측정기기 　나. 가목 외의 기기로서 미세먼지의 측정결과를 실시간으로 확인할 수 있는 간이 측정기기 　다. 그 밖에 교육부장관이 관계 중앙행정기관의 장과 협의하여 교실의 미세먼지를 측정하기에 적합하다고 인정하여 고시하는 기기 [본조신설 2019. 7. 3.]
제5조【대기오염대응매뉴얼의 작성 등】 ① 교육부장관은 대기오염에 효과적으로 대응하기 위하여 환경부장관과의 협의를 거쳐 「대기환경보전법」 제7조의2의 대기오염도 예측결과에 따른 대응 매뉴얼(이하 "대기오염대응매뉴얼"이라 한다)을 작성·배포하여야 한다. ② 대기오염대응매뉴얼에는 대응 단계별 전파요령, 실외수업에 대한 점검 및 조치, 실내 공기질 관리를 위한 조치사항 등 대통령령으로 정하는 내용이 포함되어야 한다. ③ 학교의 장은 대기오염대응매뉴얼에 따라 학생 및 교직원의 세부 행동요령을 수립하고 학생 및	제3조【대기오염대응매뉴얼의 작성 등】 ① 법 제5조제2항에서 "대통령령으로 정하는 내용"이란 다음 각 호의 내용을 말한다. 1. 대기오염 대응 업무 수행체계 및 관련 기관별 역할에 관한 사항 2. 대응 단계별 전파요령에 관한 사항 3. 대응 단계별 실외수업에 대한 점검 및 조치에 관한 사항 4. 대응 단계별 실내 공기질 관리를 위한 조치에 관한 사항 5. 그 밖에 교육부장관이 대기오염 대응에 필요하다고 인정하는 사항	

교직원에게 세부 행동요령에 관한 교육을 실시하여야 한다.
④ 그 밖에 대기오염대응매뉴얼의 작성·배포, 세부 행동요령의 수립에 필요한 사항은 대통령령으로 정한다.
[본조신설 2018. 12. 18.]

② 교육부장관은 법 제5조제1항에 따라 작성한 대기오염대응매뉴얼을 전자적 파일이나 인쇄물의 형태로 배포할 수 있다.
③ 법 제5조제3항에 따른 학생 및 교직원의 세부 행동요령(이하 이 조에서 "세부 행동요령"이라 한다)에는 다음 각 호의 내용이 포함되어야 한다.
1. 대기오염 대응 업무를 관리하는 교직원의 지정에 관한 사항
2. 등교·하교 시간 조정, 수업시간 단축, 질환자 관리 등 대응 단계별 안전조치 이행에 관한 사항
3. 교직원 비상연락망 유지, 학생·학부모에 대한 연락체계 구축 등 대응 단계별 전파요령에 관한 사항
4. 체육활동, 현장학습, 운동회 등 실외수업의 실내수업 대체 등 대응 단계별 실외수업에 대한 점검 및 조치에 관한 사항
5. 공기 정화 설비의 가동, 환기요령, 청소 등 대응 단계별 실내 공기질 관리를 위한 조치에 관한 사항
6. 그 밖에 학교의 장이 학교의 사정 등을 고려하여 대기오염 대응에 필요하다고 인정하는 사항
④ 학교의 장은 세부 행동요령을 「학교안전사고 예방 및 보상에 관한 법률」 제4조제6항에 따른 학교안전사고 예방에 관한 학교계획에 포함하여 수립할 수 있다.
[본조신설 2019. 6. 18.]

제7조【건강검사 등】

① _____은 학생과 교직원에 대하여 건강검사를 하여야 한다. 다만, 교직원에 대한 건강검사는 「국민건강보험법」 제52조에 따른 건강검진으로 갈음할 수 있다.〈개정 2011. 12. 31.〉

② 학교의 장은 제1항에 따라 건강검사를 할 때에 질병의 유무 등을 조사하거나 검사하기 위하여 다음 각 호의 어느 하나에 해당하는 학생에 대하여는 「국민건강보험법」 제52조에 따른 건강검진 실시 기관에 의뢰하여 교육부령으로 정하는 사항에 대한 건강검사를 한다.〈개정 2008. 2. 29., 2011. 12. 31., 2012. 3. 21., 2013. 3. 23.〉

1. 「초·중등교육법」 제2조제1호의 학교와 이에 준하는 특수학교·각종학교의 1학년 및 4학년 학생. 다만, 구강검진은 전 학년에 대하여 실시하되, 그 방법과 비용 등에 관한 사항은 지역 실정에 따라 교육감이 정한다.
2. 「초·중등교육법」 제2조제2호·제3호의 학교와 이에 준하는 특수학교·각종학교의 1학년 학생
3. 그 밖에 건강을 보호·증진하기 위하여 교육부령으로 정하는 학생

③ 학교의 장은 제2항에 따른 건강검사 외에 학생의 건강을 보호·증진하기 위하여 필요하다고 인정하면 교육부령으로 정하는 바에 따라 그 학생을 별도로 검사할 수 있다.〈개정 2008. 2. 29., 2013. 3. 23.〉

「학교건강검사규칙」

제3조【건강검사의 실시】

① 건강검사는 신체의 발달상황, 신체의 능력, 건강조사, _____ 및 건강검진으로 구분한다.〈개정 2016. 3. 4.〉

② 신체의 발달상황, 신체의 능력, 건강조사 및 정신건강 상태 검사는 해당 학교의 장이 실시하고, 건강검진은 「건강검진기본법」 제14조에 따라 지정된 검진기관(이하 "검진기관"이라 한다)에서 실시한다.〈개정 2009. 5. 22., 2016. 3. 4.〉

③ 제2항에도 불구하고 건강검진을 실시하는 학생에 대한 신체의 발달상황에 대한 검사는 검진기관에서 실시할 수 있다.〈개정 2020. 1. 9.〉

[전문개정 2006. 1. 10.]

「학교건강검사규칙」

제4조【신체의 발달상황에 대한 검사항목 및 방법】

① 신체의 발달상황은 키와 몸무게를 측정한다.〈개정 2006. 1. 10.〉

② 신체의 발달상황에 대한 검사의 방법은 별표 1과 같다.〈개정 1999. 3. 8., 2006. 1. 10.〉

③ 신체의 발달상황에 대한 검사는 매학년도 제1학기 말까지 실시해야 하며, 필요한 경우 추가로 실시할 수 있다.〈신설 2020. 1. 9.〉

[제목개정 2006. 1. 10.]

 정답

법: 〈7〉 • 학교의 장
칙: 〈3〉 • 정신건강 상태 검사

④ 학교의 장은 제1항과 제2항에도 불구하고 천재지변 등 부득이한 사유로 관할 ▨▨▨▨▨▨▨▨▨▨▨▨▨▨ 에는 교육부령으로 정하는 바에 따라 건강검사를 연기하거나 건강검사의 전부 또는 일부를 생략할 수 있다.〈개정 2008. 2. 29., 2013. 3. 23.〉

⑤ 제2항에 따라 건강검사를 한 검진기관은 교육부령으로 정하는 바에 따라 그 검사결과를 해당 학생 또는 학부모와 해당 학교의 장에게 알려야 한다.〈개정 2008. 2. 29., 2013. 3. 23.〉

⑥ 학교의 장은 제2조제1호의 정신건강 상태 검사를 실시할 때 필요한 경우에는 학부모의 동의 없이 실시할 수 있다. 이 경우 학교의 장은 지체 없이 해당 학부모에게 검사 사실을 통보하여야 한다.〈신설 2012. 3. 21., 2016. 3. 2., 2021. 3. 23.〉

⑦ 제1항과 제2항에 따른 건강검사의 시기, 방법, 검사항목 및 절차 등에 관하여 필요한 사항은 교육부령으로 정한다.〈개정 2008. 2. 29., 2012. 3. 21., 2013. 3. 23.〉

[전문개정 2007. 12. 14.]

「학교건강검사규칙」

제4조의2【건강조사의 항목 및 방법】
① 건강조사는 ▨▨▨▨▨▨▨▨▨▨▨▨ 등에 대해서 실시하여야 한다.〈개정 2016. 3. 4.〉
② 건강조사의 항목에 따른 세부적인 내용 및 건강조사의 방법은 별표 1의2와 같다.
③ 건강조사는 매학년도 제1학기 말까지 실시해야 하며, 필요한 경우 추가로 실시할 수 있다.〈신설 2020. 1. 9.〉

[본조신설 2006. 1. 10.]

「학교건강검사규칙」

제4조의3【정신건강 상태 검사】
① 정신건강 상태 검사는 설문조사 등의 방법으로 한다. 이 경우 설문조사 등의 시행과 그 결과 처리는 「초·중등교육법」 제30조의4에 따른 교육정보시스템(이하 "교육정보시스템"이라 한다)을 통하여 할 수 있다.
② 학교의 장은 정신건강 상태 검사를 실시하는 경우(법 제7조제6항에 따라 동의 없이 실시하는 경우를 포함한다)에는 검사와 관련한 구체적인 내용을 학부모에게 미리 알려야 한다.

[본조신설 2016. 3. 4.]

 정답 | 법: 〈7〉• 교육감 또는 교육장의 승인을 받은 경우
칙: 〈4-2〉• 병력, 식생활 및 건강생활 행태

「학교건강검사규칙」

제5조【건강검진의 항목 및 방법】
① 건강검진은 척추, 눈·귀, 콧병·목병·피부병, 구강, 병리검사 등에 대하여 검사 또는 진단해야 한다.〈개정 2006. 1. 10., 2020. 1. 9.〉
② 건강검진의 방법은 별표 2와 같다.〈개정 1999. 3. 8., 2006. 1. 10.〉
[제목개정 2006. 1. 10.]

「학교건강검사규칙」

제5조의2【건강검진의 절차 등】
① 학교의 장은 법 제7조제2항에 따른 학생의 건강검사를 실시하기 위하여 ▨ 이상의 검진기관을 선정하여야 한다. 다만, 검진기관을 ▨ 이상 선정할 수 없는 경우에는 관할 교육감(「지방교육자치에 관한 법률」 제26조제1항에 따라 하급교육행정기관에 권한을 위임한 경우에는 교육장을 말한다. 이하 이 조에서 같다)의 승인을 얻어 1개의 검진기관만 선정할 수 있다.〈개정 2016. 3. 4.〉
② 학교의 장은 제1항의 규정에 의하여 검진기관을 선정하고자 하는 때에는 「초·중등교육법」 제31조의 규정에 의한 학교운영위원회의 심의 또는 자문을 받을 수 있다.

 정답 칙: 〈5-2〉• 2개 • 2개

③ 학교의 장은 검진대상자가 검진기관을 방문하여 건강검진을 받도록 하여야 한다.〈개정 2016. 3. 4.〉
④ 학교의 장은 제1항 본문 및 제3항에도 불구하고 다음 각 호의 어느 하나에 해당하는 경우에는 1개의 검진기관만을 선정하여 검진기관이 검진대상자에 대한 출장검진을 하도록 할 수 있다.〈개정 2016. 3. 4.〉

1.
2.
3.

⑤ 검진기관은 검진대상자 여부를 확인한 후 검진대상자에 대하여 별표 1 및 별표 2의 검사항목에 해당되는 신체의 발달상황에 대한 검사 및 건강검진을 실시하여야 한다.〈개정 2016. 3. 4.〉
⑥ 검진기관은 검진을 실시하기 전에 검진에 필요한 별지 제1호의2서식부터 별지 제1호의4서식까지에 따른 문진표를 비치하고, 검진대상자에게 필요한 문진표를 작성·제출하도록 하여야 한다.〈개정 2016. 3. 4.〉
⑦ 검진기관은 법 제7조제5항에 따라 다음 각 호의 서류를 작성하여 검사결과를 검사일부터 30일 내에 해당 학생 또는 학부모와 해당학교의 장에게

 정답 칙: 〈5-2〉
- 학교가 소재한 지역(읍·면·동을 말한다)에 검진기관이 없는 경우
- 「장애인 등에 대한 특수교육법」에 따른 특수학교 및 특수학급의 학생을 대상으로 검진을 실시하는 경우
- 그 밖에 부득이한 사유로 출장검진이 불가피하다고 교육감이 승인한 경우

각각 통보하여야 한다. 이 경우 검진결과 질환이 의심되는 학생 또는 정밀검사가 필요한 학생이 있는 경우에는 해당 학부모에게 반드시 통보하여야 한다.〈개정 2016. 3. 4.〉
1. 별지 제1호의5서식에 따른 학생건강검사 결과 통보서
2. 별지 제1호의6서식에 따른 학생구강검사 결과 통보서
⑧ 건강검진에 소요되는 비용의 범위는 「국민건강보험법」 제52조제4항 및 같은 법 시행령 제25조제5항에 따라 보건복지부장관이 정한 금액을 적용한다.〈신설 2016. 3. 4., 2020. 1. 9.〉
[본조신설 2006. 1. 10.]

「학교건강검사규칙」

제6조【별도의 검사】
① 학교의 장은 법 제7조제3항에 따른 별도의 검사를 다음 각 호의 학생에 대하여 실시할 수 있다.〈개정 2006. 1. 10., 2009. 5. 22.〉
1. ▒▒▒▒▒▒▒ : 초등학교·중학교 및 고등학교의 학생 중 교육감이 지정하는 학년의 학생
2. ▒▒검사 : 고등학교의 학생 중 교육감이 지정하는 학년의 학생
3. 구강검사 : 중학교 및 고등학교의 학생 중 교육감이 지정하는 학년의 학생

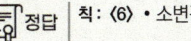 정답 칙: 〈6〉 • 소변검사 및 시력검사 • 결핵

② 제1항의 규정에 의한 검사의 시기 및 방법 등 검사에 필요한 사항은 교육감이 정한다.〈개정 2006. 1. 10.〉
[제목개정 2006. 1. 10.]

「학교건강검사규칙」

제7조【신체능력검사의 대상 및 방법 등】
① 신체능력검사는 체력요소를 평가하여 제8조에 따른 신체의 능력등급을 판정하는 필수평가와 신체활동에 대한 인식정도 등 필수평가에 대한 심층평가를 하는 선택평가로 구분한다.
② 학교의 장은 다음 각 호의 학생을 대상으로 신체능력검사를 실시한다. 다만, 심장질환 등으로 인한 신체허약자와 지체부자유자는 그 대상에서 제외할 수 있다.
1. 초등학교 제5학년 및 제6학년 학생
2. 중학교 및 고등학교 학생
③ 필수평가는 체력요소별로 1개의 검사항목을 선택하여 매 학년 초에 실시하는 것을 원칙으로 하되, 선택평가는 학교의 장이 해당 학교의 여건을 고려하여 검사항목, 검사주기 등을 자율적으로 결정하여 실시할 수 있다.〈개정 2014. 3. 3.〉
④ 제2항 및 제3항에도 불구하고 학교의 장은 해당 학교의 여건을 고려하여 초등학교 제4학년에 대한 필수평가 또는 선택평가의 실시여부를 자율적으로 결정할 수 있다.

⑤ 제1항에 따른 필수평가와 선택평가의 검사항목 및 검사방법은 별표 3과 같다.
⑥ 선택평가의 검사항목 중 자기신체평가 및 자세평가를 측정하기 위한 설문지는 별지 제1호의7 서식과 제1호의8 서식에 따라 작성하여야 한다.
[전문개정 2009. 5. 22.]

「학교건강검사규칙」

제12조【유치원 원아 등의 건강검사】 유치원 원아에 대한 건강검사는 이 규칙의 검사항목에 준하여 이를 실시할 수 있다.

「학교건강검사규칙」

제13조【대학 학생의 건강검사】「고등교육법」제2조 각호의 학교의 장은 소속학생 및 교직원에 대하여 이 규칙에 준하는 별도의 방법으로 건강검사를 실시할 수 있다.

「학교건강검사규칙」

제14조【건강검사실시의 예외】 _____은 법 제7조 제4항의 규정에 의하여 당해연도에 건강검사를 실시할 수 없는 경우에는 관할 교육감 또는 교육장의 승인을 얻어 신체의 발달상황 및 신체의 능력과 건강조사를 생략할 수 있고, 건강검진은 _____.

 정답 칙: 〈14〉 • 학교의 장 • 다음 학년도로 연기할 수 있다

제7조의2 【학생건강증진 시행계획의 수립·시행 등】

① 교육감은 기본계획에 따라 매년 지역의 여건 및 특색을 고려하여 학생의 신체 및 정신건강 증진을 위한 학생건강증진 시행계획을 수립·시행하여야 한다.〈개정 2021. 9. 24.〉

② 제1항에 따른 계획에는 제11조에 따른 학교의 장의 조치를 행정적 또는 재정적으로 지원하는 방안을 포함하여야 한다.〈신설 2013. 12. 30.〉

③ 학교의 장은 제7조에 따른 건강검사의 결과를 평가하여 이를 바탕으로 학생건강증진계획을 수립·시행하여야 한다.〈개정 2013. 12. 30.〉

④ 학교의 장은 제3항에 따라 건강검사의 결과를 평가하고, 학생정신건강증진계획을 수립하기 위하여 제15조제1항에 따른 학교의사 또는 학교약사에게 자문을 할 수 있다.〈개정 2013. 12. 30.〉

[전문개정 2007. 12. 14.]
[제목개정 2021. 9. 24.]

제7조의3 【건강검사기록】

① 학교의 장은 제7조에 따라 건강검사를 하였을 때에는 그 결과를 교육부령으로 정하는 기준에 따라 작성·관리하여야 한다.〈개정 2008. 2. 29., 2013. 3. 23.〉

② 학교의 장이 제1항에 따라 건강검사 결과를 작성·관리할 때에 「초·중등교육법」 제30조의4에 따른 교육정보시스템을 이용하여 처리하여야 하

「학교건강검사규칙」

제9조 【건강검사 등의 실시결과 관리】

① 학교의 장은 법 제7조의3제1항에 따라 건강검사의 실시결과를 다음 각 호의 기준에 따라 작성·관리하여야 한다.〈개정 2016. 3. 4.〉

1. 대상자가 학생인 경우: 다음 각 목의 구분에 따라 작성·관리

는 자료는 다음과 같다.〈개정 2008. 2. 29., 2013. 3. 23.〉
1. ▨▨▨
2. ▨▨▨
3. 그 밖에 교육목적을 이루기 위하여 필요한 범위에서 교육부령으로 정하는 사항

③ 학교의 장은 소속 학교의 학생이 전출하거나 고등학교까지의 상급학교에 진학할 때에는 ▨▨▨▨▨에게 제1항에 따른 자료를 넘겨 주어야 한다.

[전문개정 2007. 12. 14.]

가. 신체발달상황 및 신체능력검사 결과: 별지 제1호서식에 따른 학생건강기록부로 작성·관리
나. 건강검진 결과: 제5조의2제7항에 따라 검진기관이 통보한 자료를 학생건강기록부와 별도로 관리
2. 대상자가 교직원인 경우: 「국민건강보험법」 제52조에 따른 건강검진의 결과를 관리

② 학교의 장은 제6조에 따른 별도검사의 실시결과를 학생건강기록부와 별도로 관리하여야 한다.〈개정 2016. 3. 4.〉

③ 법 제7조의3제2항제3호에서 "교육부령으로 정하는 사항"이란 다음 각 호의 사항을 말한다.〈개정 2016. 3. 4.〉
1. 법 제10조제1항에 따른 예방접종 완료 여부
2. 제5조 및 제5조의2에 따른 건강검진의 검진일자 및 검진기관명
3. 제6조에 따른 별도검사의 종류, 검사일자 및 검사기관명

④ 학교의 장은 법 제7조의3제2항 각 호의 사항을 교육정보시스템을 이용하여 처리하기 위하여 학생건강기록부에 기록해야 한다.〈개정 2016. 3. 4., 2020. 1. 9.〉

⑤ 고등학교의 장은 소속 학생이 고등학교를 졸업할 때 학생건강기록부를 ▨▨▨▨▨에게 교부하여야 한다.〈신설 2016. 3. 4.〉

 정답
법: 〈7-3〉 • 인적사항 • 신체의 발달상황 및 능력 • 그 학교의 장
칙: 〈9〉 • 해당 학생

⑥ 학생이 중학교 또는 고등학교에 진학하지 아니하거나 휴학 또는 퇴학 등으로 고등학교를 졸업하지 못한 경우 그 학생이 최종적으로 재적하였던 학교는 학생건강기록부를 비롯한 건강검사 등의 실시결과를 학생이 최종적으로 재적한 날부터 ▨간 보존하여야 한다.〈신설 2016. 3. 4.〉
⑦ 교육감은 제7조제1항에 따른 신체능력검사 결과에 따라 학생 개인별 신체활동 처방을 제공하는 학생건강체력평가시스템을 교육정보시스템과 연계하여 구축하고, 학생·학부모가 조회할 수 있도록 관리하여야 한다.〈신설 2016. 3. 4.〉

[전문개정 2006. 1. 10.]

제8조【등교 중지】
① 학교의 장은 제7조에 따른 건강검사의 결과나 의사의 진단 결과 감염병에 감염되었거나 감염된 것으로 의심되거나 감염될 우려가 있는 학생 또는 교직원에 대하여 대통령령으로 정하는 바에 따라 등교를 중지시킬 수 있다.〈개정 2009. 12. 29., 2020. 10. 20.〉
② ▨▨▨은 감염병으로 인하여 「재난 및 안전관리 기본법」 제38조제2항에 따른 주의 이상의 위기경보가 발령되는 경우 다음 각 호의 어느 하나에 해당하는 학생 또는 교직원에 대하여 질병관리청장과 협의하여 등교를 중지시킬 것을 학교의 장에게 명할 수 있다. 이 경우 해당 학교의 관

제22조【등교 등의 중지】
① 학교의 장은 법 제8조에 따라 학생과 교직원 중 다음 각 호의 어느 하나에 해당하는 사람에 대하여 등교중지를 명할 수 있다.〈개정 2010. 12. 29., 2016. 8. 29.〉
1. ▨▨.
2. ▨▨▨▨▨▨▨▨▨▨▨▨▨▨▨▨▨▨▨▨▨▨▨▨

 정답
법 : 〈8〉 • 교육부장관
영 : 〈22〉 「감염병의 예방 및 관리에 관한 법률」 제2조에 따른 감염병환자, 감염병의사환자 및 병원체보유자(이하 "감염병환자등"이라 한다). 다만, 의사가 다른 사람에게 감염될 우려가 없다고 진단한 사람은 제외한다 • 제1호 외의 환자로서 의사가 감염성이 강한 질환에 감염되었다고 진단한 사람
칙 : 〈9〉 • 5년

할청을 경유하여야 한다.〈신설 2020. 10. 20.〉
1. 「검역법」 제2조제7호에 따른 검역관리지역 또는 같은 조 제8호에 따른 중점검역관리지역에 체류하거나 그 지역을 경유한 사람으로서 같은 조 제1호에 따른 검역감염병의 감염이 우려되는 사람
2. 감염병 발생지역에 거주하는 사람 또는 그 지역에 출입하는 사람으로서 감염병에 감염되었을 것으로 의심되는 사람
3. 「감염병의 예방 및 관리에 관한 법률」 제42조제2항제1호에 따라 자가(自家) 또는 시설에 격리된 사람의 가족 또는 그 동거인
4. 그 밖에 학교 내 감염병의 차단과 확산 방지 등을 위하여 등교 중지가 필요하다고 인정되는 사람

③ 제2항에 따른 명을 받은 학교의 장은 해당 학생 또는 교직원에 대하여 _____ 등교를 중지시켜야 한다.〈신설 2020. 10. 20.〉

[전문개정 2007. 12. 14.]

② 학교의 장이 제1항에 따라 등교중지를 명할 때에는 그 사유와 기간을 구체적으로 밝혀야 한다. 다만, 질환증세 또는 질병유행의 양상에 따라 필요한 경우에는 그 기간을 단축하거나 연장할 수 있다.

제9조【학생의 보건관리】 학교의 장은 학생의 신체발달 및 체력증진, 질병의 치료와 예방, 음주·흡연과 마약류를 포함한 약물 오용(誤用)·남용(濫用)의 예방, 성교육, _____ 의 과의존 예방, 도박 중독의 예방 및 정신건강 증진 등을 위하여 보건교육을 실시하고 필요한 조치를 하여야 한다.

정답
법: 〈8〉· 지체 없이
　　　〈9〉· 이동통신단말장치 등 전자기기

제9조의2 【보건교육 등】 ① 교육부장관은 「유아교육법」 제2조제2호에 따른 유치원 및 「초·중등교육법」 제2조에 따른 학교에서 모든 학생들을 대상으로 심폐소생술 등 응급처치에 관한 교육을 포함한 보건교육을 체계적으로 실시하여야 한다. 이 경우 보건교육의 실시시간, 도서 등 그 운영에 필요한 사항은 교육부장관이 정한다.〈개정 2008. 2. 29., 2013. 3. 23., 2013. 12. 30., 2016. 12. 20.〉 ② 「유아교육법」 제2조제2호에 따른 유치원의 장 및 「초·중등교육법」 제2조에 따른 학교의 장은 교육부령으로 정하는 바에 따라 매년 교직원을 대상으로 심폐소생술 등 응급처치에 관한 교육을 실시하여야 한다.〈신설 2013. 12. 30., 2016. 12. 20.〉 ③ 「유아교육법」 제2조제2호에 따른 유치원의 장 및 「초·중등교육법」 제2조에 따른 학교의 장은 제2항에 따른 응급처치에 관한 교육과 연관된 프로그램의 운영 등을 관련 전문기관·단체 또는 전문가에게 위탁할 수 있다.〈신설 2016. 12. 20.〉 [본조신설 2007. 12. 14.] [제목개정 2013. 12. 30.]		제10조 【응급처치교육 등】 ① 학교의 장이 법 제9조의2제2항에 따라 교직원을 대상으로 심폐소생술 등 응급처치에 관한 교육(이하 "응급처치교육"이라 한다)을 실시하는 경우 응급처치교육의 계획·내용 및 시간 등은 별표 9와 같다. ② 학교의 장은 응급처치교육을 실시한 후 해당 학년도의 교육 결과를 다음 학년도가 시작되기 30일 전까지 교육감에게 제출하여야 한다.〈개정 2016. 9. 1.〉 ③ 학교의 장은 공공기관, 「고등교육법」 제2조에 따른 학교, 「교원 등의 연수에 관한 규정」 제2조제2항의 연수원 중 교육감이 설치한 연수원 또는 의료기관에서 교직원으로 하여금 응급처치교육을 받게 할 수 있다. 이 경우 예산의 범위에서 소정의 비용을 지원할 수 있다. [본조신설 2014. 7. 7.]
제9조의3 【마약류 중독·오남용 예방교육】 ① 교육부장관은 매년 관계 중앙행정기관의 장과 협의하여 「마약류 관리에 관한 법률」 제2조제1호에 따른 마약류에 대한 중독·오남용 예방교육 추진계획(이하 "마약중독예방교육 추진계획"이라		

한다)을 수립·시행하여야 한다.
② 교육부장관과 교육감은 마약중독예방교육 추진계획에 따라 「초·중등교육법」 제2조에 따른 학교에서 학교의 장이 모든 학생들을 대상으로 마약류 중독·오남용 예방교육(이하 "마약중독예방교육"이라 한다)을 체계적으로 실시하도록 하여야 한다. 이 경우 마약중독예방교육은 다음 각 호의 교육과 연계하여 실시할 수 있다.
1. 제9조의2에 따른 보건교육
2. 「학교안전사고 예방 및 보상에 관한 법률」 제8조에 따른 학교안전교육
3. 「아동복지법」 제31조에 따른 아동의 안전에 대한 교육

③ 교육부장관과 식품의약품안전처장은 「마약류 관리에 관한 법률」 제51조의4에 따른 실태조사에 학생의 마약류 중독·오남용에 대한 실태조사와 마약중독예방교육에 대한 효과성 평가가 포함되도록 적극 협력하여야 한다.
④ 교육부장관은 마약중독예방교육 추진계획을 수립할 때 「마약류 관리에 관한 법률」 제51조의4에 따른 실태조사 결과를 반영하여야 한다.
⑤ 마약중독예방교육 추진계획의 수립 절차 등에 필요한 사항은 대통령령으로 정하고, 마약중독예방교육의 실시 시기·방법 등에 관하여 필요한 사항은 교육부령으로 정한다.

제10조 【예방접종 완료 여부의 검사】
① 초등학교와 중학교의 장은 학생이 새로 입학한 날부터 　　 이내에 시장·군수 또는 구청장(자치구의 구청장을 말한다. 이하 같다)에게 「감염병의 예방 및 관리에 관한 법률」 제27조에 따른 예방접종증명서를 발급받아 같은 법 제24조 및 제25조에 따른 예방접종을 모두 받았는지를 검사한 후 이를 교육정보시스템에 기록하여야 한다.〈개정 2009. 12. 29., 2016. 2. 3.〉
② 초등학교와 중학교의 장은 제1항에 따른 검사 결과 예방접종을 모두 받지 못한 입학생에게는 필요한 예방접종을 받도록 지도하여야 하며, 필요하면 관할 보건소장에게 예방접종 지원 등의 협조를 요청할 수 있다.
[전문개정 2007. 12. 14.]

제11조 【치료 및 예방조치 등】
① 학교의 장은 제7조에 따른 건강검사의 결과 질병에 감염되었거나 감염될 우려가 있는 학생에 대하여 질병의 치료 및 예방에 필요한 조치를 하여야 한다.
② 학교의 장은 제7조제1항에 따라 학생에 대하여 제2조제1호의 정신건강 상태를 검사한 결과 필요하면 학생 정신건강 증진을 위한 다음 각 호의 조치를 하여야 한다.〈신설 2013. 12. 30.〉
1. 학생·학부모·교직원에 대한 정신건강 증진 및 이해 교육
2. 해당 학생에 대한 상담 및 관리

정답 | 법: 〈10〉 · 90일

3. 해당 학생에 대한 전문상담기관 또는 의료기관 연계
4. 그 밖에 학생 정신건강 증진을 위하여 필요한 조치

③ 교육감은 검사비, 치료비 등 제2항 각 호의 조치에 필요한 비용을 지원할 수 있다.〈신설 2013. 12. 30.〉

④ 학교의 장은 제1항 및 제2항의 조치를 위하여 필요하면 보건소장에게 협조를 요청할 수 있으며 보건소장은 정당한 이유 없이 이를 거부할 수 없다.〈개정 2013. 12. 30.〉

[전문개정 2007. 12. 14.]
[제목개정 2013. 12. 30.]

제12조【학생의 안전관리】학교의 장은 학생의 안전사고를 예방하기 위하여 학교의 시설·장비의 점검 및 개선, 학생에 대한 _____, 그 밖에 필요한 조치를 하여야 한다.

제13조【교직원의 보건관리】학교의 장은 제7조제1항에 따른 건강검사 결과 필요하거나 건강검사를 갈음하는 건강검진의 결과 필요하면 교직원에 대하여 질병 치료와 근무여건 개선 등 필요한 조치를 하여야 한다.

제14조【질병의 예방】
① 학교의 장은 감염병 예방과 학교의 보건에 필요하면 휴업을 할 수 있다.

정답 | 법: 〈12〉• 안전교육

② 관할청은 감염병 예방과 학교의 보건에 필요하면 해당 학교에 대하여 다음 각 호의 어느 하나에 해당하는 조치를 명할 수 있다. 다만, 교육부장관은 제2조제3호가목의 학교의 경우에는 그 권한을 교육감에게 위임할 수 있다.
1.
2.

③ 제1항 및 제2항에도 불구하고 감염병으로 인하여 「재난 및 안전관리 기본법」 제38조제2항에 따른 주의 이상의 위기경보가 발령되어 제1항 또는 제2항에 따른 조치를 하는 경우 학교의 장은 관할청의 동의를, 교육감은 교육부장관의 동의를 받아야 한다.

[전문개정 2020. 10. 20.]

제14조의2 【감염병 예방접종의 시행】 시장·군수 또는 구청장이 「감염병의 예방 및 관리에 관한 법률」 제24조 및 제25조에 따라 학교의 학생 또는 교직원에게 감염병의 필수 또는 임시 예방접종을 할 때에는 그 학교의 학교의사 또는 보건교사(간호사 면허를 가진 보건교사로 한정한다. 이하 같다)를 접종요원으로 위촉하여 그들로 하여금 접종하게 할 수 있다. 이 경우 보건교사에 대하여는 「의료법」 제27조제1항을 적용하지 아니한다.

 정답 | 법 : 〈14〉 • 학년 또는 학교 전체에 대한 휴업 또는 등교수업일 조정 • 휴교(휴원을 포함한다)

제14조의3 【감염병예방대책의 마련 등】
① 교육부장관은 감염병으로부터 학생과 교직원을 보호하기 위하여 다음 각 호의 사항이 포함된 대책(이하 "감염병예방대책"이라 한다)을 마련하여야 한다. 이 경우 행정안전부장관 및 질병관리청장과 협의하여야 한다.〈개정 2017. 7. 26., 2020. 8. 11.〉
1. 감염병의 예방·관리 및 후속조치에 관한 사항
2. 감염병 대응 관련 매뉴얼에 관한 사항
3. 감염병과 관련한 학교의 보건·위생에 관한 사항
4. 그 밖에 감염병과 관련하여 대통령령으로 정하는 사항
② 교육부장관은 제1항에 따라 감염병예방대책을 마련한 때에는 특별시장·광역시장·특별자치시장·도지사·특별자치도지사, 교육감 및 학교에 알려야 한다.
③ 교육감은 교육부장관의 감염병예방대책을 토대로 지역 실정에 맞는 감염병 예방 세부 대책을 마련하여야 한다.
④ 교육부장관과 질병관리청장은 학교에서 감염병을 예방하기 위하여 긴밀한 협력 체계를 구축하고 감염병 발생 현황에 관한 정보 등 대통령령으로 정하는 정보(이하 "감염병정보"라 한다)를 공유하여야 한다.〈개정 2020. 8. 11.〉
⑤ 학교의 장은 해당 학교에 감염병에 걸렸거나 의심이 되는 학생 및 교직원이 있는 경우 즉시 교육감을 거쳐 교육부장관에게 보고하여야 한다.〈개정 2021. 3. 23.〉
⑥ 교육부장관은 제4항에 따른 공유를 하였거나 제5항에 따른 보고를 받은 경우 감염병의 확산을

제22조의2 【감염병예방대책의 마련 등】
① 법 제14조의3제1항제4호에서 "대통령령으로 정하는 사항"이란 다음 각 호의 사항을 말한다.〈개정 2019. 7. 2.〉
1. 감염병 예방·관리에 필요한 교육에 관한 사항
2. 감염병 대응 능력 강화를 위한 가상연습 등 실제 상황 대비 훈련에 관한 사항
3. 감염병 방역에 필요한 물품의 비축 및 시설의 구비에 관한 사항
4. 그 밖에 감염병의 예방·관리를 위하여 교육부장관이 필요하다고 인정하는 사항
② 법 제14조의3제4항에서 "감염병 발생 현황에 관한 정보 등 대통령령으로 정하는 정보"란 「감염병의 예방 및 관리에 관한 법률」에 따른 제1급감염병이 국내에서 새롭게 발생하였거나 국내에 유입된 경우 또는 같은 법 제41조제1항에 따라 질병관리청장이 고시한 감염병에 대하여 「재난 및 안전관리기본법」 제38조제2항에 따른 주의 이상의 위기경보가 발령된 경우 해당 감염병에 관한 다음 각 호의 정보를 말한다.〈개정 2020. 9. 11., 2023. 2. 14.〉
1. 감염병명
2. 감염병의 발생 현황 또는 유입 경로
3. 감염병환자등(학생 및 교직원에 한정한다)의 발병일·진단일·이동경로·이동수단 및 접촉자 현황
4. 그 밖에 교육부장관 또는 질병관리청장이 감염병의 예방 및 확산을 방지하기 위하여 필요하다고 인정하는 정보
[본조신설 2016. 8. 29.]

방지하기 위하여 감염병정보를 신속히 공개하여야 한다.

⑦ 제4항부터 제6항까지에 따른 공유, 보고 및 공개의 방법과 절차는 교육부령으로 정한다.

[본조신설 2016. 3. 2.]

제10조의2【감염병 정보의 공유 등】

① 교육부장관과 보건복지부장관은 법 제14조의3제4항에 따라 영 제22조의2제2항에 따른 감염병 정보를 지체 없이 구두, 전화(문자메시지 등을 포함한다), 팩스, 서면(전자문서를 포함한다) 등의 방법 중 가장 신속하고 적합한 방법으로 공유하여야 한다.

② 교육부장관은 학교에서 감염병을 예방하기 위하여 법 제14조의3제4항에 따라 보건복지부장관과 공유한 정보를 교육감 및 학교의 장에게 제공할 수 있다.

③ 제2항에 따라 정보를 제공받은 교육감 및 학교의 장은 법 제8조 및 제14조에 따른 감염병 관련 업무 이외의 목적으로 해당 정보를 활용할 수 없다.

④ 학교에 감염병에 걸렸거나 걸린 것으로 의심이 되는 학생 및 교직원이 있는 경우 법 제14조의3제5항에 따라 해당 학교의 장이 교육감을 경유하여 교육부장관에게 보고하여야 할 사항은 다음 각 호와 같다.

1. 해당 학생 및 교직원의 감염병명 및 감염병의 발병일·진단일
2. 해당 학생 및 교직원의 소속
3. 해당 학생 및 교직원에 대한 조치 사항

⑤ 제4항에 따른 보고는 서면(전자문서를 포함한다)으로 하되, 「초·중등교육법」 제2조에 따른 학교의 경우에는 같은 법 제30조의4에 따른 교육정

		보시스템을 통하여 할 수 있다. ⑥ 교육부장관은 법 제14조의3제6항에 따라 감염병 정보를 공개할 때에는 「정보통신망 이용촉진 및 정보보호 등에 관한 법률」 제2조제1항제1호에 따른 정보통신망에 게재하거나 보도자료를 배포하는 등의 방법으로 하여야 한다. ⑦ 제6항에 따른 정보의 당사자는 공개된 사항 중 사실과 다르거나 의견이 있는 경우 교육부장관에게 구두, 서면 등의 방법으로 이의신청을 할 수 있으며, 교육부장관은 이에 따라 공개된 정보의 정정 등 필요한 조치를 하여야 한다. [본조신설 2016. 9. 1.]
제14조의4 【감염병대응매뉴얼의 작성 등】 ① 교육부장관은 학교에서 감염병에 효과적으로 대응하기 위하여 질병관리청장과의 협의를 거쳐 감염병 유형에 따른 대응 매뉴얼(이하 "감염병대응매뉴얼"이라 한다)을 작성·배포하여야 한다.⟨개정 2020. 8. 11.⟩ ② 감염병대응매뉴얼의 작성·배포 등에 필요한 사항은 대통령령으로 정한다. [본조신설 2016. 3. 2.]	제22조의3 【감염병대응매뉴얼의 작성 및 배포 등】 ① 법 제14조의4제1항에 따라 작성·배포하여야 하는 감염병 유형에 따른 대응 매뉴얼(이하 "감염병대응매뉴얼"이라 한다)에는 다음 각 호의 사항이 포함되어야 한다. 1. 감염병 유형에 따른 학생 및 교직원의 행동 요령에 관한 사항 2. 감염병 유형에 따른 예방·대비·대응 및 복구 단계별 조치에 관한 사항 ② 교육부장관은 감염병대응매뉴얼을 배포하는 경우에는 전자적 파일이나 인쇄물의 형태로 배포할 수 있다.	

	③ 교육감 및 학교의 장은 감염병의 예방·대비·대응 및 복구 조치에 관한 업무를 추진할 때 감염병대응매뉴얼을 활용하여야 한다.〈개정 2017. 2. 3., 2023. 2. 14.〉 ④ 교육감 및 학교의 장은 각 지역 또는 학교의 특성을 반영한 내용을 감염병대응매뉴얼에 추가·보완할 수 있다. [본조신설 2016. 8. 29.]
제15조【학교에 두는 의료인·약사 및 보건교사】 ① 학교에는 대통령령으로 정하는 바에 따라 학생과 교직원의 건강관리를 지원하는「의료법」제2조제1항에 따른 의료인과「약사법」제2조제2호에 따른 약사를 둘 수 있다.〈개정 2012. 1. 26.〉 ② 학교(「고등교육법」제2조 각 호에 따른 학교는 제외한다. 이하 이 조 및 제15조의2에서 같다)에 제9조의2에 따른 보건교육과 학생들의 건강관리를 담당하는 보건교사를 두어야 한다. 다만, 대통령령으로 정하는 일정 규모 이하의 학교에는 순회 보건교사를 둘 수 있다.〈개정 2021. 6. 8.〉 ③ 제2항에 따라 보건교사를 두는 경우 대통령령으로 정하는 일정 규모 이상의 학교에는 ▮▮ 이상의 보건교사를 두어야 한다.〈신설 2021. 6. 8.〉 [전문개정 2007. 12. 14.] [제목개정 2012. 1. 26.]	제23조【학교에 두는 의료인·약사 및 보건교사】 ① 삭제〈2021. 12. 9.〉 ② 법 제15조제1항에 따라 학교에 두는 의료인·약사는 학교장이 위촉하거나 채용한다.〈개정 2021. 12. 9.〉 ③ 법 제15조제3항에서 "대통령령으로 정하는 일정 규모 이상의 학교"란 ▮▮ 학급 이상의 학교를 말한다.〈신설 2021. 12. 9.〉 ④ 법 제15조제1항에 따라 학교에 두는 의사(치과의사 및 한의사를 포함하며, 이하 "학교의사"라 한다) 및 학교에 두는 약사(이하 "학교약사"라 한다)와 같은 조 제2항·제3항에 따른 보건교사의 직무는 다음 각 호와 같다.〈개정 2021. 12. 9.〉 1. 학교의사의 직무 　가. 학교보건계획의 수립에 관한 자문 　나. 학교 환경위생의 유지·관리 및 개선에 관한 자문

 정답　법:〈15〉· 2명
　　　　　영:〈23〉· 36

다. 학생과 교직원의 건강진단과 건강평가
라. 각종 질병의 예방처치 및 보건지도
마. 학생과 교직원의 건강상담
바. 그 밖에 학교보건관리에 관한 지도

2. 학교약사의 직무
   가. 학교보건계획의 수립에 관한 자문
   나. 학교환경위생의 유지관리 및 개선에 관한 자문
   다. 학교에서 사용하는 의약품과 독극물의 관리에 관한 자문
   라. 학교에서 사용하는 의약품 및 독극물의 실험·검사
   마. 그 밖에 학교보건관리에 관한 지도

3. ▧▧▧의 직무
   가. 학교보건계획의 수립
   나. 학교 환경위생의 유지·관리 및 개선에 관한 사항
   다. 학생과 교직원에 대한 건강진단의 준비와 실시에 관한 협조
   라. 각종 질병의 예방처치 및 보건지도
   마. 학생과 교직원의 건강관찰과 학교의사의 건강상담, 건강평가 등의 실시에 관한 협조
   바. 신체가 허약한 학생에 대한 보건지도
   사. 보건지도를 위한 학생가정 방문
   아. 교사의 보건교육 협조와 필요시의 보건교육
   자. 보건실의 시설·설비 및 약품 등의 관리

정답 영: 〈23〉 • 보건교사

차. 보건교육자료의 수집·관리
카. 학생건강기록부의 관리
타. 다음의 의료행위(간호사 면허를 가진 사람만 해당한다)
　1) 외상 등 흔히 볼 수 있는 환자의 치료
　2) 응급을 요하는 자에 대한 응급처치
　3) 부상과 질병의 악화를 방지하기 위한 처치
　4) 건강진단결과 발견된 질병자의 요양지도 및 관리
　5) 1)부터 4)까지의 의료행위에 따르는 의약품 투여
파. 그 밖에 학교의 보건관리
[제목개정 2021. 12. 9.]

제15조의2 【응급처치 등】
① 학교의 장은 사전에 학부모의 동의와 전문의약품을 처방한 의사의 자문을 받아 제15조제2항 및 제3항에 따른 보건교사 또는 순회 보건교사(이하 이 조에서 "보건교사등"이라 한다)로 하여금 제1형 당뇨로 인한 〔　　　〕 또는 〔　　　〕 쇼크로 인하여 생명이 위급한 학생에게 투약행위 등 응급처치를 제공하게 할 수 있다. 이 경우 보건교사등에 대하여는 「의료법」 제27조제1항을 적용하지 아니한다. 〈개정 2021. 6. 8.〉

제11조 【　　　　　등】
① 법 제15조의2제3항에 따른 보조인력(이하 "보조인력"이라 한다)은 같은 조 제1항에 따른 보건교사등(이하 "보건교사등"이라 한다)의 지시를 받아 질병이나 장애로 인하여 특별히 관리·보호가 필요한 학생에 대해서 보건교사등이 행하는 다음 각 호의 활동을 보조한다.
1. 법 제15조의2제1항에 따른 투약행위 등 응급처치
2. 각종 질병의 예방처치, 건강관찰 및 건강상담 협조 등의 보건활동

정답
법: 〈15-2〉 • 저혈당쇼크 • 아나필락시스
칙: 〈11〉 • 보조인력의 역할

② 보건교사등이 제1항에 따라 생명이 위급한 학생에게 응급처치를 제공하여 발생한 재산상 손해와 사상(死傷)에 대하여 고의 또는 중대한 과실이 없는 경우 해당 보건교사등은 민사책임과 상해(傷害)에 대한 형사책임을 지지 아니하며 사망에 대한 형사책임은 감경하거나 면제할 수 있다. ③ 학교의 장은 질병이나 장애로 인하여 특별히 관리·보호가 필요한 학생을 위하여 보조인력을 둘 수 있다. 이 경우 보조인력의 역할, 요건 등에 관하여는 교육부령으로 정한다. [본조신설 2017. 11. 28.]		② 보조인력은 「의료법」 제7조에 따른 간호사 면허가 있어야 한다. [본조신설 2018. 5. 25.]
제16조【보건기구의 설치 등】교육감 및 교육장 소속으로 대통령령으로 정하는 바에 따라 학교의 보건관리에 필요한 기구(機構)와 공무원을 둘 수 있다.		
제16조의2【학생건강증진 전문기관의 설립 등】 ① 교육부장관은 교육감과 협의하여 학생의 신체 및 정신건강 증진을 지원하기 위하여 다음 각 호의 업무를 수행하기 위한 전문기관(이하 "학생건강증진 전문기관"이라 한다)을 설립하거나 지정할 수 있다. 1. 기본계획 수립의 지원 2. 국내외 학생의 신체 및 정신건강에 관한 정보·자료의 수집·분석, 통계 작성 및 간행물 발간 3. 학생의 신체 및 정신건강에 대한 교육자료 개발 4. 학생의 신체 및 정신건강을 위한 교직원 및 관	제23조의2【학생건강증진 전문기관의 설립 등】 ① 교육부장관은 법 제16조의2제1항에 따라 학생건강증진 전문기관(이하 "학생건강증진전문기관"이라 한다)을 설립하거나 다음 각 호의 기관 또는 법인 중에서 학생건강증진전문기관을 지정할 수 있다. 1. 「고등교육법」 제2조제1호에 따른 대학 또는 그 부속병원 2. 특별법에 따라 설립된 법인 ② 제1항에 따라 학생건강증진전문기관으로 지정받으려는 기관 또는 법인은 다음 각 호의 기준을	

계자, 학부모 등에 대한 교육훈련 및 지원
5. 학생의 건강증진과 관련한 정보시스템 구축·운영
6. 그 밖에 학생의 건강증진을 위하여 교육부장관이 필요하다고 인정한 업무
② 교육감은 다음 각 호의 업무를 수행하기 위하여 관할 지역에 　　　　　를 설치·운영할 수 있다.
1. 학생의 신체발달 상황 및 생활습관, 정신건강 상태 등의 실태조사
2. 학생의 건강증진 개선을 위한 프로그램의 개발·운영
3. 학생의 신체 및 정신건강 증진을 위한 상담
4. 건강이 취약한 학생에 대한 지원
5. 그 밖에 학생의 건강증진을 위하여 교육감이 필요하다고 정하는 사항
③ 국가 또는 지방자치단체는 예산의 범위에서 학생건강증진 전문기관과 학생건강증진센터의 설립·운영 등에 필요한 경비를 출연할 수 있다.
④ 학생건강증진 전문기관과 학생건강증진센터의 설립·지정 및 운영 등에 필요한 사항은 대통령령으로 정한다. [본조신설 2021. 9. 24.]

모두 갖추어야 한다.
1. 학생건강증진전문기관으로서 업무수행에 필요한 조직과 인력을 보유할 것
2. 학생건강증진전문기관으로서 업무수행에 필요한 사무실, 장비·시설을 갖출 것
3. 학생건강증진전문기관으로서 업무수행에 필요한 사업계획 및 운영규정을 갖출 것
③ 제2항에 따라 학생건강증진전문기관이 갖추어야 하는 기준의 세부 내용은 교육부장관이 정하여 고시한다.
④ 교육부장관은 학생건강증진전문기관을 지정하려는 경우에는 제2항에 따른 기준이 포함된 지정계획을 10일 이상 관보 또는 교육부 인터넷 홈페이지에 공고해야 한다.
⑤ 학생건강증진전문기관으로 지정받으려는 기관 또는 법인은 지정신청서에 다음 각 호의 서류를 첨부하여 교육부장관에게 제출해야 한다.
1. 업무수행에 필요한 조직·인력의 보유 현황이나 확보 계획
2. 업무수행에 필요한 사무실, 장비·시설의 보유 현황이나 확보 계획
3. 업무수행에 필요한 사업계획 및 운영규정
⑥ 교육부장관은 학생건강증진전문기관을 지정한 경우에는 관보 또는 교육부 인터넷 홈페이지에 그 사실을 게시해야 한다.

 정답 | 법 : 〈16-2〉 • 학생건강증진센터

	⑦ 제1항부터 제6항까지에서 규정한 사항 외에 학생건강증진전문기관의 지정·운영에 필요한 사항은 교육부장관이 정하여 고시한다. [본조신설 2023. 2. 14.]	
	제23조의3【학생건강증진센터의 설치 등】 ① 법 제16조의2제2항에 따라 교육감이 설치·운영하는 학생건강증진센터(이하 "학생건강증진센터"라 한다)는 다음 각 호의 기준을 모두 갖추어야 한다. 1. 학생건강증진센터로서 업무수행에 필요한 조직과 인력을 보유할 것 2. 학생건강증진센터로서 업무수행에 필요한 사무실, 장비·시설을 갖출 것 ② 제1항에 따라 학생건강증진센터가 갖추어야 하는 기준의 세부 내용은 시·도의 교육규칙으로 정한다. ③ 제1항 및 제2항에서 규정한 사항 외에 학생건강증진센터의 설치·운영에 필요한 사항은 시·도의 교육규칙으로 정한다. [본조신설 2023. 2. 14.]	
제17조【학교보건위원회】 ① 제2조의2에 따른 기본계획 및 학교보건의 중요시책을 심의하기 위하여 교육감 소속으로 시·도학교보건위원회를 둔다.〈개정 2008. 2. 29., 2012. 1. 26.〉	제24조【보건위원회의 기능】 ① 삭제〈2012. 8. 13.〉 ② 법 제17조제1항에 따른 시·도학교보건위원회(이하 "보건위원회"라 한다)는 다음 각 호의 사항을 심의한다.〈개정 2012. 8. 13.〉	

 정답 | 법: 〈17〉·학교보건위원회

② 시·도학교보건위원회는 학교의 보건에 경험이 있는 15명 이내의 위원으로 구성한다.〈개정 2012. 1. 26.〉
③ 시·도학교보건위원회의 기능·운영과 그 밖에 필요한 사항은 대통령령으로 정한다.〈개정 2012. 1. 26.〉
[전문개정 2007. 12. 14.]

1. 학생과 교직원의 건강증진에 관한 시·도의 중·장기 기본계획
2. 학교보건과 관련되는 시·도의 조례 또는 교육규칙의 제정·개정안
3. 교육감이 회의에 부치는 학교보건정책 등에 관한 사항
4. 삭제〈2017. 2. 3.〉

제25조【보건위원회의 구성】
① 보건위원회에는 위원장과 부위원장 각 1명을 두되, 위원장과 부위원장은 위원 중에서 호선한다.〈개정 2012. 8. 13.〉
② 삭제〈2012. 8. 13.〉
③ 보건위원회 위원은 해당 교육청의 국장급 공무원 및 학교보건에 관하여 학식이 있거나 경험이 있는 사람 중에서 교육감이 임명하거나 위촉한다.〈개정 2012. 8. 13.〉
④ 제3항에 따라 위촉한 위원의 임기는 2년으로 하되, 연임할 수 있다. 다만, 보궐위원의 임기는 전임자 임기의 남은 기간으로 한다.〈개정 2012. 8. 13.〉

제26조【위원장 등의 직무】
① 보건위원회의 위원장은 보건위원회를 대표하고, 회의에 관한 사무를 총괄한다.
② 보건위원회의 위원장이 부득이한 사유로 직무를 수행할 수 없을 때에는 부위원장이 그 직무를 대행한다.

제27조【회의】 ① 보건위원회의 위원장은 다음 각 호의 어느 하나에 해당하는 경우에 회의를 소집하고, 그 의장이 된다.〈개정 2012. 8. 13.〉 1. 교육감이 요청하는 경우 2. 재적위원 3분의 1 이상이 요구하는 경우 3. 그 밖에 학생과 교직원의 건강을 보호·증진하기 위한 사항을 심의하기 위하여 위원장이 필요하다고 인정하는 경우 ② 회의는 재적위원 과반수의 출석으로 개의하고, 출석위원 과반수의 찬성으로 의결한다.	
제28조【분과위원회】 ① 보건위원회에 전문분야별로 분과위원회를 둘 수 있다. ② 분과위원회는 보건위원회의 심의사항 중 보건위원회에서 위임한 사항을 심의한다. ③ 보건위원회 위원의 분과위원회 배속은 교육감이 정한다.〈개정 2012. 8. 13.〉 ④ 분과위원회에 분과위원장 1명을 두되, 분과위원장은 분과위원회 위원 중에서 호선한다. ⑤ 분과위원회의 회의에 관하여는 제27조를 준용한다.	

제29조【간사와 서기】 ① 보건위원회에 간사 1명과 서기 약간 명을 둔다. ② 보건위원회의 간사와 서기는 교육감이 소속 공무원 중에서 임명한다.〈개정 2012. 8. 13.〉 ③ 간사는 위원장의 명을 받아 위원회의 사무를 처리하고, 서기는 간사를 보조한다.	
제31조【전문가 등의 의견청취 등】 ① 보건위원회와 분과위원회는 필요하면 관계 전문가의 의견을 들을 수 있다. ② 보건위원회와 분과위원회는 필요하면 관계 공무원에게 관련 자료를 제출하거나 출석하여 답변할 것을 요청할 수 있으며, 그 관계 공무원은 특별한 사유가 없으면 보호위원회 또는 분과위원회의 요청에 따라야 한다. [전문개정 2017. 2. 3.]	
제31조의2【수당과 여비】보건위원회에 출석하는 위원회의 위원 또는 관계 전문가 등에게는 예산의 범위에서 수당과 여비, 그 밖에 필요한 경비를 지급할 수 있다. 다만, 공무원이 그 소관 업무와 직접적으로 관련되어 위원회에 출석하는 경우에는 그러하지 아니하다.	
제31조의3【운영세칙】이 영에서 규정한 사항 외에 보건위원회와 분과위원회의 운영에 필요한 사항은 보건위원회의 의결을 거쳐 위원장이 정한다.	

제18조【경비 보조】국가나 지방자치단체는 제3조에 따른 시설과 기구 및 용품 구매, 제4조의3에 따른 공기를 정화하는 설비 및 미세먼지를 측정하는 기기 설치, 제7조제1항에 따른 건강검사에 드는 경비의 전부 또는 일부를 보조한다.		
제18조의2【비밀누설금지 등】이 법에 따라 교직원 및 학생에 대한 건강검사와 관련된 업무를 수행하거나 수행하였던 사람은 그 직무상 알게 된 비밀을 다른 사람에게 누설하거나 직무상 목적 외의 용도로 이용하여서는 아니 된다.		
제19조【벌칙】 ① 제18조의2를 위반하여 직무상 알게 된 비밀을 다른 사람에게 누설하거나 직무상 목적 외의 용도로 이용한 사람은 3년 이하의 징역 또는 3천만원 이하의 벌금에 처한다.〈신설 2013. 12. 30., 2021. 3. 23.〉 ② 삭제〈2016. 2. 3.〉 [전문개정 2007. 12. 14.]		

THEME 002 학교안전법

(1) 학교안전법 위임조문 3단 비교

학교안전법	학교안전사고 예방 및 보상에 관한 법률 시행령	학교안전사고 예방 및 보상에 관한 법률 시행규칙
제1장 총칙		
제1조【목적】이 법은 학교안전사고를 예방하고, 학생·교직원 및 교육활동참여자가 학교안전사고로 인하여 입은 피해를 신속·적정하게 보상하기 위한 학교안전사고보상공제 사업의 실시에 관하여 필요한 사항을 규정함을 목적으로 한다.		
제2조【정의】이 법에서 사용하는 용어의 정의는 다음과 같다. 1. "학교"라 함은 다음 각 목의 어느 하나에 해당하는 기관 또는 시설을 말한다. 　가. 「유아교육법」 제2조제2호의 규정에 따른 유치원(이하 "유치원"이라 한다) 　나. 「초·중등교육법」 제2조의 규정에 따른 학교(이하 "초·중등학교"라 한다) 　다. 「평생교육법」 제20조제2항의 규정에 따라	제2조【교육활동과 관련된 시간】「학교안전사고 예방 및 보상에 관한 법률」(이하 "법"이라 한다) 제2조제4호다목에서 "_____"이란 다음 각 호의 어느 하나에 해당하는 시간을 말한다. 1. 통상적인 경로 및 방법에 의한 _____ 시간 2. 휴식시간 및 교육활동 전후의 _____ 3. 학교의 장(이하 "학교장"이라 한다)의 지시에 의하여 학교에 있는 시간	

 정답　영 : ⟨2⟩ • 대통령령이 정하는 시간　• 등·하교　• 통상적인 학교 체류시간

고등학교 졸업 이하의 학력이 인정되는 평생교육시설(이하 "평생교육시설"이라 한다)
라. 「재외국민의 교육지원 등에 관한 법률」 제2조제3호에 따른 한국학교
2. "학생"이라 함은 학교에 입학하여 수학하고 있는 사람을 말한다.
3. "교직원"이라 함은 고용형태 및 명칭을 불문하고 학교에서 학생의 교육 또는 학교의 행정을 담당하거나 보조하는 교원 및 직원 등을 말한다.
4. "교육활동"이라 함은 다음 각 목의 어느 하나에 해당하는 활동을 말한다.
   가.
   나. 등·하교 및 학교장이 인정하는 각종 행사 또는 대회 등에 참가하여 행하는 활동
   다. 그 밖에 대통령령으로 정하는 시간 중의 활동으로서 가목 및 나목과 관련된 활동
5. "교육활동참여자"란 학생 또는 교직원이 아닌 사람으로서 다음 각 목의 어느 하나에 해당하는 사람을 말한다.

4. 학교장이 인정하는
5.
6. 학교 외의 장소에서 교육활동이 실시될 경우 집합 및 해산 장소와 집 또는 기숙사 간의 합리적 경로와 방법에 의한 왕복 시간

제3조 【학교장의 관리·감독하의 질병】 법 제2조제6호에서 "   "이란 다음 각 호의 어느 하나에 해당하는 질병을 말한다.
1. 학교급식이나 가스 등에 의한
2. 사병(日射病)
3. 이물질의 섭취 등에 의한
4. 이물질과의 접촉에 의한
5.   이 직접적인 원인이 되어 발생한 질병

 정답

법: ⑵ • 학교의 교육과정 또는 학교의 장(이하 "학교장"이라 한다)이 정하는 교육계획 및 교육방침에 따라 학교의 안팎에서 학교장의 관리·감독하에 행하여지는 수업·특별활동·재량활동·과외활동·수련활동·수학여행 등 현장체험활동 또는 체육대회 등의 활동
영: ⑵ • 직업체험, 직장견학 및 현장실습 등의 시간 • 기숙사에서 생활하는 시간
⑶ • 대통령령이 정하는 것 • 중독 • 일 • 질병 • 피부염 • 외부 충격 및 부상

가. 학교장의 승인 또는 학교장의 요청에 따라 교직원의 교육활동을 보조하거나 학생 또는 교직원과 함께 교육활동을 하는 사람
나. 「비영리민간단체 지원법」 제4조제1항에 따라 등록된 비영리민간단체에서 학생의 등교·하교 시 교통지도활동 참여에 관하여 미리 서면으로 학교장에게 통지하여 학교장의 승인을 받거나 학교장의 요청에 따라 그 단체의 회원으로서 교통지도활동에 참여하는 사람

6. "〇〇〇〇〇〇〇"라 함은 교육활동 중에 발생한 사고로서 학생·교직원 또는 교육활동참여자의 생명 또는 신체에 피해를 주는 모든 사고 및 학교급식 등 학교장의 관리·감독에 속하는 업무가 직접 원인이 되어 학생·교직원 또는 교육활동참여자에게 발생하는 질병으로서 대통령령으로 정하는 것을 말한다.

제3조【국가 또는 지방자치단체의 지원 등】국가 또는 지방자치단체는 예산의 범위 안에서 학교안전사고 예방 사업 및 이 법에 따른 학교안전사고보상공제 사업의 운영에 소요되는 경비를 지원할 수 있다.

 정답 | 법: ⟨2⟩ · 학교안전사고

제2장 학교안전사고 예방

제4조 【학교안전사고 예방계획의 수립·시행】 ① 교육부장관은 ▨▨마다 학교안전사고 예방에 관한 기본계획(이하 "기본계획"이라 한다)을 수립·시행하여야 한다. ② 기본계획에는 다음 각 호의 사항이 포함되어야 한다. 1. 학교 안팎의 안전사고 예방정책의 기본방향 및 목표 2. 학교안전사고를 예방하기 위한 학교 안팎의 교육활동 운영의 기본지침에 관한 사항 3. 학교안전사고 예방 및 재난대비 훈련 등 학교안전교육에 관한 사항 4. 삭제 〈2019. 12. 3.〉 5. 학교 안전문화 확산에 관한 사항 6. 그 밖에 학교안전사고 예방을 위하여 필요한 사항 ③ 교육부장관은 제1항에 따라 수립한 기본계획을 제4조의2에 따른 학교안전사고예방위원회의 심의를 거쳐 공표하여야 한다. 이를 변경하려는 경우에도 또한 같다. ④ 교육부장관은 기본계획을 수립하기 위하여 필요한 경우 관계 중앙행정기관의 장에게 관련 자료의 제출을 요청할 수 있다. 이 경우 요청받은 관계 중앙행정기관의 장은 특별한 사유가 없으면 이에 따라야 한다.	제4조 【학교안전사고 예방 기본계획의 수립】 ① 교육부장관은 법 제4조제1항에 따른 학교안전사고 예방에 관한 기본계획(이하 "기본계획"이라 한다)을 법 제4조의2에 따른 학교안전사고예방위원회의 심의를 거쳐 기본계획 개시연도의 전년도 10월 31일까지 확정하여야 한다. ② 교육부장관은 제1항에 따라 수립·확정된 기본계획을 관계 중앙행정기관의 장과 교육감에게 통보하여야 한다. [본조신설 2015. 7. 20.] 제5조 【학교안전사고 예방 지역계획의 수립】 ① 교육감은 법 제4조제5항에 따른 학교안전사고 예방에 관한 지역계획(이하 "지역계획"이라 한다)을 시행 전년도 ▨▨▨▨까지 수립하여야 한다. ② 지역계획에는 다음 각 호의 사항이 포함되어야 한다. 1. 기본계획에 대한 세부 집행계획 2. 법 제4조제7항에 따른 학교계획 및 그 추진실적의 평가 결과에 대한 조치계획 3. 그 밖에 학교안전사고 예방과 관련하여 교육감이 필요하다고 인정하는 사항 [본조신설 2015. 7. 20.]

정답
법: 〈4〉 • 3년
영: 〈5〉 • 12월 31일

⑤ 교육감은 매년 기본계획에 따라 학교안전사고 예방에 관한 지역계획(이하 "지역계획"이라 한다)을 수립·시행하여야 한다.
⑥ 학교장은 기본계획과 지역계획을 바탕으로 학교의 교육과정 또는 학교장이 정하는 교육계획에 따라 매년 학교안전사고 예방에 관한 학교계획(이하 "학교계획"이라 한다)을 학교운영위원회의 심의를 거쳐 수립·시행하여야 한다.
⑦ 교육감은 매년 해당 연도의 학교계획 및 지난해의 학교계획에 따른 추진실적을 대통령령으로 정하는 바에 따라 평가하여 교육부장관에게 제출하여야 한다.
⑧ 그 밖에 계획 수립·시행 및 평가 등에 필요한 사항은 대통령령으로 정한다.
[본조신설 2015. 1. 20.]

제6조 【학교안전사고 예방 학교계획의 수립】
① 학교장은 법 제4조제6항에 따라 학교안전사고 예방에 관한 학교계획(이하 "학교계획"이라 한다)을 「초·중등교육법」 제31조에 따른 학교운영위원회(유치원의 경우에는 「유아교육법」 제19조의3에 따른 유치원운영위원회를 말한다)의 심의를 거쳐 시행연도 2월 말일까지 수립하여야 한다.
② 학교계획에는 다음 각 호의 사항이 포함되어야 한다.
1. 기본계획 및 지역계획에 대한 세부 집행계획
2. 법 제4조제7항에 따른 학교계획 및 그 추진실적의 평가 결과에 대한 조치계획
3. 그 밖에 학교안전사고 예방과 관련하여 학교장이 필요하다고 인정하는 사항
[본조신설 2015. 7. 20.]

제7조 【학교계획 및 추진실적의 평가】
① 법 제4조제7항에 따라 교육감이 학교계획 및 그 추진실적을 평가할 수 있도록 학교장은 해당 연도의 학교계획 및 지난해의 학교계획에 대한 추진실적을 매년   까지 교육감에게 제출하여야 한다.
② 교육감은 다음 각 호의 기준에 따라 학교계획 및 그 추진실적을 평가한 후 그 결과를 매년 6월 30일까지 교육부장관에게 제출하여야 한다.
1. 학교계획: 기본계획 및 지역계획에서 정한 내용의 반영 여부

 정답 | 영: ⟨7⟩·3월 31일

	2. 추진실적: 지난해의 학교계획에 따른 업무별 추진 실적 3. 그 밖에 교육감이 평가에 필요하다고 인정하는 사항 [본조신설 2015. 7. 20.]
제4조의2 【학교안전사고예방위원회 구성】 ① _____은 다음 각 호의 사항을 심의하기 위하여 교육부장관 소속으로 학교안전사고예방위원회(이하 "예방위원회"라 한다)를 둔다. 1. 기본계획의 수립 및 시행에 대한 평가 2. 학교안전교육 프로그램 및 교재 개발 3. 학교안전사고 예방 관련 사업 추진 4. 그 밖에 학교안전사고 예방과 관련하여 위원장이 회의에 부치는 사항 ② 예방위원회는 위원장을 포함한 _____ 이내의 위원으로 구성한다. ③ 예방위원회의 위원장은 위원 중에서 호선하고, 위원은 학교안전사고 예방과 관련된 전문지식과 경험이 풍부한 사람 중에서 교육부장관이 임명하거나 위촉하되, 다음 각 호의 어느 하나에 해당하는 사람이 각 1명 이상 포함되어야 한다. 1. 학부모 대표 2. 「교육기본법」 제15조제1항에 따른 교원단체가 추천한 사람 3. 「비영리민간단체지원법」 제2조에 따른 비영리민간단체가 추천하는 사람	제7조의2 【학교안전사고예방위원회의 구성】 법 제4조의2제3항제4호에서 "대통령령으로 정하는 관계 중앙행정기관 소속 공무원"이란 다음 각 호의 기관의 고위공무원단에 속하는 공무원 중 소속 기관의 장이 추천하는 사람을 말한다. 1. 교육부 1의2. 행정안전부 2. 보건복지부 3. 고용노동부 4. 국토교통부 5. 해양수산부 6. 삭제〈2017. 7. 26.〉 7. 경찰청 8. 그 밖에 교육부장관이 필요하다고 인정하는 중앙행정기관 [본조신설 2015. 7. 20.]
	제7조의3 【학교안전사고예방위원회의 운영 등】 ① 법 제4조의2제1항에 따른 학교안전사고예방위원회(이하 "예방위원회"라 한다)의 위원장(이하 이 조 및 제7조의4에서 "위원장"이라 한다)은 예방위원회를 대표하고, 예방위원회의 회의를 주재

 정답 | 법: 〈4-2〉 • 교육부장관 • 21명

4. 대통령령으로 정하는 관계 중앙행정기관 소속 공무원
④ 예방위원회의 업무를 효율적으로 수행하기 위하여 예방위원회에 분야별로 분과위원회를 둘 수 있다.
⑤ 예방위원회 및 분과위원회의 운영 등에 필요한 사항은 대통령령으로 정한다.
[본조신설 2015. 1. 20.]

하며, 소관 사무를 총괄한다.
② 위원장이 부득이한 사유로 직무를 수행할 수 없을 때에는 위원장이 미리 지명한 위원이 그 직무를 대행한다.
③ 위촉위원의 임기는 2년으로 한다.
④ 예방위원회의 회의는 교육부장관 또는 위원장이 필요하다고 인정하거나 재적위원 □□□□□ 이상이 요청하는 경우 위원장이 소집한다.
⑤ 예방위원회의 회의는 재적위원 과반수의 출석으로 개의(開議)하고, 출석위원 과반수의 찬성으로 의결한다.
⑥ 위원장은 회의 안건과 관련하여 필요하다고 인정하는 경우에는 관계 공무원과 민간전문가 등을 회의에 참석하여 발언하게 하거나 관계 기관의 장에게 자료의 제출을 요청할 수 있다. 이 경우 요청을 받은 관계 공무원과 관계 기관의 장은 특별한 사유가 없으면 이에 따라야 한다.
⑦ 제1항부터 제6항까지에서 규정한 사항 외에 예방위원회의 운영에 필요한 사항은 예방위원회의 의결을 거쳐 위원장이 정한다.
[본조신설 2015. 7. 20.]

제7조의4 【분과위원회의 구성·운영】
① 법 제4조의2제4항에 따라 예방위원회에 두는 분과위원회(이하 "분과위원회"라 한다)는 다음 각 호와 같다.
1. 기본계획 총괄 분과위원회

 정답 | 영: 〈7-3〉 • 3분의 1

	2. 학교안전교육 분과위원회 3. 학교안전사고 예방사업 분과위원회 4. 그 밖에 위원장이 필요하다고 인정하는 분과위원회 ② 분과위원회는 다음 각 호의 업무를 담당한다. 1. 법 제4조의2제1항에 따른 예방위원회 심의사항의 사전 검토 2. 위원장이 상정하는 사항에 대한 검토 ③ 분과위원회의 위원장과 위원은 교육부장관이 위원장과 협의하여 예방위원회 위원 중에서 지명한다. ④ 제1항부터 제3항까지에서 규정한 사항 외에 분과위원회의 구성 및 운영에 필요한 사항은 예방위원회의 의결을 거쳐 위원장이 정한다. [본조신설 2015. 7. 20.]
제4조의3 【실태조사】 ① _____은 기본계획과 시행계획을 효율적으로 수립·시행하기 위하여 학교안전사고 예방에 대한 실태조사를 할 수 있다. ② 교육부장관 및 교육감은 학교안전사고 예방에 대한 실태조사를 위하여 필요한 때에는 학교장 및 관계 기관 또는 단체의 장에게 관련 자료를 요청할 수 있다. ③ 교육부장관 및 교육감은 제1항에 따른 실태조사를 외부 전문기관에 위탁하여 실시할 수 있다.	제7조의5 【실태조사의 내용 및 방법】 ① 교육부장관 및 교육감이 법 제4조의3제1항에 따라 실시하는 실태조사에는 다음 각 호의 사항이 포함되어야 한다. 1. 학교안전사고의 _____ 현황 2. 학교안전사고 _____ 현황 3. 학교 및 연수기관에서의 _____ _____ 실태 4. 안전교육을 위한 각종 체험시설의 운영 및 확충 현황

정답
법: ⟨4-3⟩ • 교육부장관 및 교육감
영: ⟨7-5⟩ • 원인 및 사고유형별 • 공제사업의 운영 • 안전에 관한 교육과 정의 운영

④ 제1항에 따른 실태조사의 방법 등에 필요한 사항은 대통령령으로 정한다.
[본조신설 2015. 1. 20.]

5. 안전사고 예방 및 안전교육 지원을 위한 행정조직 및 재정 현황
6. 학생·교직원 및 교육활동참여자 등 안전교육 관련자에 대한 안전교육 만족도 및 요구 사항
7. 그 밖에 교육부장관 또는 교육감이 필요하다고 인정하는 사항

② 법 제4조의3제3항에 따라 실태조사를 위탁할 수 있는 외부 전문기관은 법 제15조제1항에 따른 학교안전공제회 또는 법 제28조에 따른 학교안전공제중앙회로 한다.
③ 실태조사의 구체적인 방법 및 세부 조사항목 등은 교육부장관이 정하여 고시한다.
[본조신설 2015. 7. 20.]

제5조【학교안전사고의 예방에 관한 책무】
① 교육부장관, 특별시·광역시·특별자치시·도 및 특별자치도(이하 "시·도"라 한다. 이하 같다)의 교육감(이하 "교육감"이라 한다), 학교장 및 「사립학교법」의 규정에 따라 사립학교를 설치·경영하는 자(이하 "학교장등"이라 한다)는 학교안전사고를 예방하고 학교시설을 안전하게 관리·유지하기 위하여 노력하여야 한다.〈개정 2008. 2. 29., 2012. 1. 26., 2013. 3. 23.〉
② 교육부장관 및 교육감은 학교안전사고의 예방을 위하여 필요한 시설물을 설치하고 학교안전사고의 발생 위험성이 있는 시설물을 보수·관리하는데 필요한 예산을 우선 지원하는 등 학교안전사

고의 예방을 위하여 필요한 조치를 하여야 한다.
〈개정 2008. 2. 29., 2013. 3. 23.〉

제8조【학교안전교육의 실시】
① _____은 학교안전사고를 예방하기 위하여 교육부령으로 정하는 바에 따라 학생·교직원 및 교육활동참여자에게 학교안전사고 예방 등에 관한 다음 각 호의 교육(이하 "안전교육"이라 한다)을 실시하고 그 결과를 학기별로 교육감에게 보고하여야 한다.〈개정 2008. 2. 29., 2013. 3. 23., 2015. 1. 20., 2016. 2. 3., 2021. 3. 23.〉
1. 「아동복지법」 제31조에 따른 교통안전교육, 감염병 및 약물의 오남용 예방 등 _____
2. 「학교폭력예방 및 대책에 관한 법률」 제15조에 따른 _____
3. 「성폭력방지 및 피해자보호 등에 관한 법률」 제5조에 따른 _____
4. 「성매매방지 및 피해자보호 등에 관한 법률」 제5조에 따른 _____
5. 「초·중등교육법」 제23조에 따른 교육과정이 체험중심 교육활동으로 운영되는 경우 이에 관한 _____
6. 그 밖에 안전사고 관련 법률에 따른 안전교육
② 삭제〈2015. 1. 20.〉
③ 교육부장관 및 교육감은 다음 각 호의 사항이 포함된 안전교육에 필요한 교재와 프로그램을 개

제2조【학교안전교육의 실시】
① 학교의 장(이하 "학교장"이라 한다)은 「학교안전사고 예방 및 보상에 관한 법률」(이하 "법"이라 한다) 제8조제1항에 따라 학생·교직원 및 교육활동참여자를 대상으로 다음 각 호의 교육을 하여야 한다. 이 경우 교육횟수·교육시간·강사 및 교육실적에 대한 보고방법 등은 교육부장관이 따로 정하여 고시한다.〈개정 2012. 3. 30., 2014. 1. 3., 2015. 7. 21.〉
1. 일상생활에서 발생할 수 있는 안전사고 예방을 위한 _____
2. 교통수단 등으로 발생할 수 있는 안전사고 예방을 위한 _____
3. _____
4. _____
5. _____
6. 일터에서 발생할 수 있는 안전사고 예방을 위한 _____
7. _____
8. 그 밖에 안전사고 예방을 위하여 필요한 교육
② 삭제〈2015. 7. 21.〉
③ 교육부장관 및 교육감은 학교장이 제1항에 따른 학교안전교육을 효율적으로 실시하게 하기 위

법: 〈8〉 • 학교장 • 보건위생관리교육 및 재난대비 안전교육 • 학교폭력 예방교육 • 성폭력 예방에 필요한 교육 • 성매매 예방교육 • 안전사고 예방교육
칙: 〈2〉 • 생활안전교육 • 폭력예방 및 신변보호를 위한 안전교육 • 약물 및 사이버 중독 예방을 위한 안전교육 • 화재·재난 등의 예방 및 대비를 위한 재난안전교육 • 직업안전교육 • 응급처치에 관한 교육

발·보급하고, 학교장의 요청이 있는 경우 교육부령으로 정하는 안전교육을 담당할 강사를 알선하는 등 안전교육에 필요한 지원을 하여야 한다.〈개정 2008. 2. 29., 2013. 3. 23., 2015. 1. 20.〉 1. 안전사고 예방 및 대책에 관한 사항 2. 재난대비 훈련 및 안전에 관한 사항 3. 그 밖에 교육부장관이 필요하다고 인정하는 사항 ④ 학교장은 필요에 따라 안전교육을 이론교육과 실습교육으로 병행하여 실시하되, 안전교육을 효율적으로 실시하기 위하여 교원 또는 교육활동참여자로 하여금 담당하게 하거나 교육부령으로 정하는 바에 따라 전문교육기관·단체 또는 전문가에 위탁하여 실시할 수 있다〈개정 2012. 1. 26., 2015. 1. 20.〉		하여 관련 분야의 전문가로부터 의견을 수렴하여 교육자료의 개발, 체험시설의 확충 및 관련 시설의 이용정보의 제공 등을 해야 한다.〈신설 2012. 3. 30., 2013. 3. 23., 2020. 7. 17.〉 ④ 법 제8조제3항에서 "교육부령으로 정하는 안전교육"이란 제1항에 따른 안전교육을 말한다.〈신설 2015. 7. 21.〉 ⑤ 학교장이 법 제8조제4항에 따라 안전교육을 위탁할 수 있는 전문교육기관·단체 또는 전문가는 다음 각 호와 같다.〈신설 2015. 7. 21.〉 1. 국가·지방자치단체 소속의 안전교육 과정을 운영하는 교육기관(소속 직원을 포함한다. 이하 이 항에서 같다.) 2. 「도로교통법」 제120조에 따른 도로교통공단 3. 「소방기본법」 제40조에 따른 한국소방안전협회 4. 그 밖에 교육부장관 및 교육감이 안전교육 운영에 적합하다고 인정하는 안전체험시설 및 안전교육기관
제8조의2【학교장의 교육활동 안전대책 점검·확인 의무】 ① 학교장은 교육활동을 직접 실시하는 경우 학교안전사고 예방을 위하여 안전대책을 점검·확인하는 등 필요한 조치를 강구하여야 한다. ② 학교장은 교육활동을 관련 기관 또는 단체 등에 위탁하여 실시하는 경우 학교안전사고 예방을 위하여 다음 각 호의 사항을 점검·확인하여야 한다. 1. 위탁할 기관 또는 단체 등의 설립 인가·허가 등의 여부	제10조의2【학교장의 교육활동 안전대책의 점검·확인 등】 ① 학교장은 매학기 시작 전까지 다음 각 호의 사항을 포함한 교육활동 안전대책을 마련하고, 이를 점검·확인하여야 한다. 다만, 교육활동을 관련 기관 또는 단체 등에 위탁하여 실시하는 경우에는 해당 교육활동을 실시하기 전까지 안전대책을 마련하고, 이를 점검·확인할 수 있다. 1. 학교시설 등에 대한 안전성에 관한 사항 2. 학교 밖 이용시설의 안전성에 관한 사항	

2. 교육활동 중에 발생하는 사고로 인한 손해배상 책임을 담보하기 위한 보험 등의 가입 여부 3. 「청소년활동 진흥법」 제10조제1호에 따른 청소년수련시설의 경우 같은 법 제36조에 따라 인증을 받은 청소년수련활동 프로그램을 실시하는지의 여부 4. 「청소년활동 진흥법」 제10조제1호에 따른 청소년수련시설의 경우 같은 법 제18조, 제18조의2, 제18조의3, 제19조 및 제19조의2에 따른 안전점검 및 안전교육 실시, 종합평가 결과 및 이에 따른 개선조치 이행 등의 여부 5. 그 밖에 관계 법령에 따라 실시되는 교육활동 프로그램의 안전점검, 안전대책 등의 여부 ③ 제2항에 따른 학교장의 점검·확인 요청을 받은 기관 또는 단체의 장, 지방자치단체의 장 등은 이에 따라야 한다. ④ 제1항부터 제3항까지의 규정에 따른 학교장의 교육활동 안전대책 점검·확인의 절차, 방법, 범위, 그 밖에 필요한 사항은 대통령령으로 정한다. [본조신설 2014. 5. 14.]	3. 법 제8조의2제2항 각 호의 사항(교육활동을 관련 기관 또는 단체 등에 위탁하여 실시하는 경우에 한정한다) 4. 학생 및 교직원에 대한 안전교육 계획 5. 사고 발생 시 대처요령 등 대응체계 구축에 관한 사항 6. 그 밖에 교육부장관이 교육활동 안전대책 마련 등에 필요하다고 인정하여 정하는 사항 ② 학교장은 제1항 본문에 따라 안전대책을 마련, 점검·확인한 경우에는 매학기가 시작되는 전날까지 「초·중등교육법」 제31조에 따른 학교운영위원회(유치원의 경우에는 「유아교육법」 제19조의3에 따른 유치원운영위원회를 말한다)에 이를 보고하여야 한다. 다만, 제1항 단서에 따라 안전대책을 마련, 점검·확인한 경우에는 해당 교육활동을 실시하는 전날까지 보고하여야 한다.〈개정 2015. 7. 20.〉 [본조신설 2014. 11. 14.] [종전 제10조의2는 제10조의3으로 이동〈2014. 11. 14.〉]	
제8조의3 【학교안전사고 예방·대책 전담부서】 교육감은 시·도교육청에 학교안전사고 예방 및 대책을 담당하는 전담부서를 설치·운영하여야 한다.		
제9조 【명예학교안전요원 위촉】 학교장은 학부모 또는 지역 주민 등을 명예학교안전요원으로 위촉하여 학교안전사고의 예방을 위한 순찰, 교통지도 등의 활동을 하게 할 수 있다.		

제6장 공제급여		
제34조 【공제급여의 종류】 공제회가 지급하는 공제급여의 종류는 다음 각 호와 같다. 　1. (34) 급여 　2. 　 급여 　3. 간병급여 　4. 유족급여 　5. 장례비		
제36조 【요양급여】 ① 요양급여는 　　　　　　 로 인하여 피공제자가 부상을 당하거나 질병에 걸린 경우에 피공제자 또는 그 보호자등에게 지급한다. ② 요양급여는 학교안전사고로 인하여 피공제자가 입은 부상 또는 질병의 치료에 소요된 비용 중 「국민건강보험법」 제44조에 따라 피공제자 또는 그 보호자등이 부담한 금액으로 한다. 다만, 법원의 판결 등으로 「국민건강보험법」 제58조에 따라 공단의 구상권 행사에 따른 손해배상액이 확정된 경우 학교의 장이 부담할 부분은 공제회가 부담한다.〈개정 2011. 12. 31., 2012. 3. 21.〉 ③ 제2항의 규정에 따른 　　　　 의 범위는 다음 각 호와 같다.〈개정 2019. 4. 23., 2021. 3. 23.〉 　1. 진찰·검사 　2. 약제·치료재료의 지급 　3. 처치·수술 그 밖의 치료	제14조 【요양급여의 지급기준 등】 ① 법 제34조제1호의 요양급여(이하 "요양급여"라 한다)의 항목별 지급기준 등은 다음 각 호와 같다.〈개정 2010. 9. 27., 2012. 8. 31., 2013. 3. 23., 2015. 7. 20., 2020. 7. 14., 2021. 6. 29., 2021. 9. 29., 2022. 3. 22.〉 　1. 입원료는 대중적인 일반병실의 입원료를 지급한다. 다만, 전신 화상자, 세균감염을 예방하기 위하여 격리가 필요한 환자, 심한 정신질환자 등 의사의 소견에 따라 부득이 상급병실(입원실에 3명 이하가 입원할 수 있는 병실을 말한다)에 입원했을 때(병실 사정이나 환자 및 보호자의 요청에 따른 경우는 제외한다)에는 그 병실의 입원료를 지급한다. 　2. 진찰, 검사, 처치, 수술(성형수술을 포함한다), 응급 및 재활치료, 호송 등은 치료에 소요되는 비용을 지급한다.	제2조의2 【요양급여의 세부지급기준】 「학교안전사고 예방 및 보상에 관한 법률 시행령」(이하 "영"이라 한다) 제14조제2항에 따른 요양급여의 세부지급기준은 별표와 같다.

정답　법: 〈34〉 • 요양　• 장해
　　　　　〈36〉 • 학교안전사고　• 요양급여

4. 재활치료
5. 입원
6. 간호
7. 호송
8. 삭제〈2021. 9. 24.〉

④ 제1항부터 제3항까지의 규정에도 불구하고 다음 각 호의 비용은 이 법에 따른 요양급여로 보아 공제회가 이를 부담한다.〈개정 2021. 9. 24.〉
1. 「학교폭력예방 및 대책에 관한 법률」 제2조제1호에 따른 행위로 인하여 같은 법 제16조제1항제1호부터 제3호까지의 조치를 이행하는 데 필요한 비용
2. 인공팔다리·틀니, 안경·보청기 등 「장애인복지법」 제65조제1항에 따른 장애인보조기구의 처방 및 구입 비용
3. 요양 중인 피공제자의 부상·질병 상태가 의학적으로 다른 사람의 간병이 필요하다고 인정되는 경우의 간병료

⑤ 피공제자의 보호자등이 제4항제3호에 따른 간병을 하는 경우에는 같은 호에도 불구하고 간병에 소요되는 부대경비를 지급한다.〈신설 2021. 9. 24.〉

⑥ 제1항부터 제5항까지의 규정에 따른 요양급여 및 부대경비의 지급기준 등에 관하여 필요한 사항은 대통령령으로 정한다.〈개정 2012. 3. 21., 2021. 9. 24.〉

3. 치아 보철비는 도재전장관[도재전장관, 사기 재료로 이 빛깔이 나도록 만든 인공치아(人工齒牙)]에 드는 비용을 지급한다. 다만, 기존의 치아 보철물이 외상으로 손상되거나 파괴되어 사용할 수 없게 된 경우에는 원상회복에 드는 비용을 지급한다.
4. 약제비는 처방전에 의한 경우에만 지급한다.
5. 한방치료는 침과 뜸 등 「국민건강보험법」에서 인정하는 경우에 드는 비용만 지급한다.
6. 인공팔다리·틀니·안경·보청기 등 「장애인복지법」 제65조제1항에 따른 장애인보조기구의 처방 및 구입 비용은 「국민건강보험법」 제51조제3항에 따른 보조기기에 대한 보험급여 지급기준에 따라 지급한다.
7. 「국민건강보험법」 제51조제3항에 따른 보험급여 지급기준을 정하고 있지 않은 장애인보조기구의 처방 및 구입비용에 대해서는 실제 소요되는 비용을 지급할 수 있다.

② 제1항에서 규정한 사항 외에 요양급여의 범위 및 지급기준 등 요양급여의 지급에 필요한 사항은 교육부령으로 정한다.〈신설 2022. 3. 22.〉

제18조의2 【간병료의 지급기준 등】
① 법 제36조제4항제3호에 따른 간병료(이하 "간병료"라 한다)는 피공제자가 다음 각 호의 기준을 모두 충족하는 경우에 지급한다.
1. 의료기관에 입원하여 요양(중환자실이나 회복

제2조의3 【간병료의 지급기준】
① 영 제18조의2제1항제2호에서 "교육부령으로 정하는 기준에 따라 의학적으로 다른 사람의 간병이 필요하다고 인정되는 경우"란 다음 각 호의 경우를 말한다.

실에서 요양 중인 경우는 제외한다) 중에 간병을 받은 경우일 것
2. 부상 또는 질병 상태가 교육부령으로 정하는 기준에 따라 의학적으로 다른 사람의 간병이 필요하다고 인정되는 경우일 것

② 간병료는 피공제자가 실제로 간병받은 날을 기준으로 월 단위로 계산한다.

③ 간병료의 구체적인 지급기준은 간병이 필요한 정도 등을 고려하여 교육부령으로 정한다.

④ 법 제36조제5항에 따른 "간병에 소요되는 부대경비"는 피공제자의 친권자·후견인이나 그 밖에 피공제자를 부양할 법률상 의무가 있는 사람이 실제로 간병한 날을 기준으로 월 단위로 계산하며, 그 지급기준은 1일당 2만원으로 한다. [본조신설 2022. 3. 22.]

1. 두 손의 손가락을 모두 잃거나 사용하지 못하게 되어 혼자 힘으로 식사를 할 수 없는 경우
2. 두 눈의 실명 등으로 일상생활에 필요한 동작을 혼자 힘으로 할 수 없는 경우
3. 뇌의 손상으로 정신이 혼미하거나 착란을 일으켜 일상생활에 필요한 동작을 혼자 힘으로 할 수 없는 경우
4. 신경계통 또는 정신의 장해로 의사소통을 할 수 없는 등 치료에 뚜렷한 지장이 있는 경우
5. 신체 표면 면적의 35퍼센트 이상에 걸친 화상을 입어 수시로 적절한 조치를 할 필요가 있는 경우
6. 골절로 인한 견인장치 또는 석고붕대 등을 하여 일상생활에 필요한 동작을 혼자 힘으로 할 수 없는 경우
7. 하반신 마비 등으로 배뇨·배변을 제대로 하지 못하거나 욕창 방지를 위하여 수시로 체위를 변경시킬 필요가 있는 경우
8. 질병으로 신체가 몹시 허약하여 일상생활에 필요한 동작을 혼자 힘으로 할 수 없는 경우
9. 수술 등으로 일정 기간 거동이 제한되어 일상생활에 필요한 동작을 혼자 힘으로 할 수 없는 경우
10. 그 밖에 부상·질병 상태가 제1호부터 제9호까지의 규정에 준하는 경우

② 영 제18조의2제3항에 따른 간병료의 구체적인 지급기준에 관하여는 「산업재해보상보험법 시행규칙」 제13조제1항을 준용한다.

[전문개정 2022. 3. 25.]

| 제37조【장해급여】 ① 장해급여는 제36조의 규정에 따른 요양급여를 받은 피공제자가 ▒▒▒▒▒▒▒▒▒▒가 있는 때에는「국가배상법」제3조제2항제3호에서 정한 금액 및 같은 법 제3조제5항에서 정한 위자료를 피공제자 또는 그 보호자등에게 지급한다. ② 제1항의 규정에 따른 장해정도의 판정기준·장해급여액의 산정 및 지급방법 등에 관하여 필요한 사항은 대통령령으로 정한다. | 제15조【취업가능기간】법 제34조제2호에 따른 장해급여(이하 "장해급여"라 한다)를 법 제37조제1항 및「국가배상법」제3조제2항제3호에 따라 산정하거나 법 제34조제4호에 따른 유족급여(이하 "유족급여"라 한다)를 법 제39조제1항 및「국가배상법」제3조제1항제1호에 따라 산정할 경우에 장래의 취업 가능기간은 다음 각 호의 사항을 종합적으로 고려한 기간으로 한다.
1. 피해자의 연령, 직업, 경력 및 건강상태 등 주관적 요소
2. <u>국민의 평균여명(平均餘命), 경제수준 및 고용조건 등 사회적·경제적 여건 등</u>
3. 사고 당시「병역법」상 군복무기간, 피공제자의 군복무 가능성, 복무기간 조정 가능성 등 (피공제자가 남자인 경우에 한한다) |
| | 제16조【신체장해의 등급 및 노동력상실률 등】① 제15조에 따라 장해급여를 산정할 경우에 신체장해의 등급과 노동력상실률은 별표 2와 같다.
② 장해의 부위가 2개인 경우에는 별표 2에 따른 부위별 등급을 정한 후 별표 3에 따라 종합평가등급을 정한다.
③ 장해의 부위가 3개 이상인 경우에는 먼저 최상급 부위 2개에 대하여 별표 3에 따른 종합평가등급을 정한 후 나머지 부위 중 최상급 부위 1개와 위 종합평가등급을 별표 3에 따라 다시 종합평가하여 등급을 정한다. |

 정답 | 법 : 〈37〉 • 요양을 종료한 후에도 장해

④ 장해가 가장 큰 부위가 별표 2에 따른 장해등급 제14급에 해당하는 것이 3개 이상의 경우에는 제13급으로 한다.

제18조【평균임금의 기준】
① 장해급여, 유족급여 및 법 제34조제5호에 따른 장례비를 산정할 때의 평균임금은 매년 6회 이상 주기적으로 임금통계를 공표하는 임금조사기관이 조사한 남자 또는 여자 보통 인부의 전국 규모 통계에 의한 일용노동임금에 따른다. 다만, 전국규모 통계가 없을 때에는 서울특별시 지역통계에 의한 일용노동임금에 따른다.〈개정 2021. 9. 29.〉
② 제1항의 임금은 먼저 공신력 있는 건설임금단가 통계에 따르고, 공신력 있는 건설임금단가 통계가 없을 때에는 정부임금단가통계에 따르며, 정부임금단가통계도 없을 때에는 공신력 있는 방법에 의하여 조사한 남자 또는 여자 보통 인부의 일용노동임금에 따른다.〈개정 2021. 1. 5.〉

제19조【위자료의 기준】법 제37조제1항 또는 법 제39조제1항에 따른 신체장해 및 사망에 대한 위자료의 기준은 별표 5 및 별표 6과 같다.

제20조【손익상계】
① 유족급여를 산정할 때에는 월급액이나 월수입액 또는 평균임금에서 별표 7에 따른 생활비를 빼야 한다.

	② 유족급여와 장해급여를 일시에 지급할 때에는 중간 이자를 빼야 한다. ③ 제2항에 따른 중간 이자 공제방식은 법정이율에 따른 호프만방식에 따른다.	
제38조【간병급여】 ① 간병급여는 제36조의 규정에 따른 요양급여를 받은 사람이 치료를 받은 후에도 ▇▇▇▇▇▇▇▇▇▇▇▇▇▇▇▇▇▇▇▇ 에 실제로 간병을 받는 피공제자 또는 그 보호자등에게 지급한다.〈개정 2021. 3. 23.〉 ② 제1항의 규정에 따른 간병급여의 지급기준 등에 관하여 필요한 사항은 대통령령으로 정한다.	제17조【간병급여의 지급기준 등】 ① 법 제34조제3호에 따른 간병급여(이하 "간병급여"라 한다)의 지급대상 및 지급기준은 별표 4와 같다. ② 간병급여의 지급은 간병이 실제로 행하여진 날에 대하여 월단위로 지급한다.	
제39조【유족급여】 ① 유족급여는 피공제자가 학교안전사고로 인하여 사망한 경우에 「국가배상법」 제3조제1항제1호에서 정한 금액 및 같은 법 제3조제5항에서 정한 위자료를 피공제자의 상속인에게 지급하되, 사실상 혼인관계에 있던 사람을 포함하여 지급한다.〈개정 2012. 1. 26., 2021. 3. 23.〉 1. 삭제〈2012. 1. 26.〉 2. 삭제〈2012. 1. 26.〉 ② 제1항의 규정에 따른 유족급여의 지급기준 등에 관하여 필요한 사항은 대통령령으로 정한다.	제15조【취업가능기간】 법 제34조제2호에 따른 장해급여(이하 "장해급여"라 한다)를 법 제37조제1항 및 「국가배상법」 제3조제2항제3호에 따라 산정하거나 법 제34조제4호에 따른 ▇▇▇▇▇(이하 "유족급여"라 한다)를 법 제39조제1항 및 「국가배상법」 제3조제1항제1호에 따라 산정할 경우에 장래의 취업 가능기간은 다음 각 호의 사항을 종합적으로 고려한 기간으로 한다. 1. 피해자의 연령, 직업, 경력 및 건강상태 등 주관적 요소 2. ▇▇▇▇▇▇▇▇▇▇▇▇▇▇▇▇▇▇▇▇▇▇▇▇▇▇▇▇▇▇▇▇▇▇▇▇▇▇ 등	

 정답

법: 〈38〉 • 의학적으로 상시 또는 수시로 간병이 필요한 경우
영: 〈15〉 • 유족급여 • 국민의 평균여명(平均餘命), 경제수준 및 고용조건 등 사회적·경제적 여건

3. 사고 당시 「병역법」상 군복무기간, 피공제자의 군복무 가능성, 복무기간 조정 가능성 등 (피공제자가 남자인 경우에 한한다)	
제18조【평균임금의 기준】 ① 장해급여, 유족급여 및 법 제34조제5호에 따른 장례비를 산정할 때의 평균임금은 매년 6회 이상 주기적으로 임금통계를 공표하는 임금조사기관이 조사한 남자 또는 여자 보통 인부의 전국 규모 통계에 의한 일용노동임금에 따른다. 다만, 전국규모 통계가 없을 때에는 서울특별시 지역통계에 의한 일용노동임금에 따른다.〈개정 2021. 9. 29.〉 ② 제1항의 임금은 먼저 공신력 있는 건설임금단가 통계에 따르고, 공신력 있는 건설임금단가 통계가 없을 때에는 정부임금단가통계에 따르며, 정부임금단가통계도 없을 때에는 공신력 있는 방법에 의하여 조사한 남자 또는 여자 보통 인부의 일용노동임금에 따른다.〈개정 2021. 1. 5.〉	
제19조【위자료의 기준】법 제37조제1항 또는 법 제39조제1항에 따른 신체장해 및 사망에 대한 위자료의 기준은 별표 5 및 별표 6과 같다.	
제20조【손익상계】 ① 유족급여를 산정할 때에는 월급액이나 월수입액 또는 평균임금에서 별표 7에 따른 생활비를 빼야 한다.	

	② 유족급여와 장해급여를 일시에 지급할 때에는 중간 이자를 빼야 한다. ③ 제2항에 따른 중간 이자 공제방식은 법정이율에 따른 _____[1]에 따른다.	
제40조【장례비】 ① 장례비는 피공제자가 학교안전사고로 인하여 사망한 경우에 「국가배상법」 제3조제1항제2호에서 정한 _____을 그 장례를 행하는 자에게 지급한다.〈개정 2021. 3. 23.〉 ② 제1항의 규정에 따른 장례비의 지급기준 등에 관하여 필요한 사항은 대통령령으로 정한다.〈개정 2021. 3. 23.〉 [제목개정 2021. 3. 23.]	제18조【평균임금의 기준】 ① 장해급여, 유족급여 및 법 제34조제5호에 따른 장례비를 산정할 때의 평균임금은 매년 6회 이상 주기적으로 임금통계를 공표하는 임금조사기관이 조사한 남자 또는 여자 보통 인부의 전국 규모 통계에 의한 일용노동임금에 따른다. 다만, 전국규모 통계가 없을 때에는 서울특별시 지역통계에 의한 일용노동임금에 따른다.〈개정 2021. 9. 29.〉 ② 제1항의 임금은 먼저 공신력 있는 건설임금단가 통계에 따르고, 공신력 있는 건설임금단가 통계가 없을 때에는 정부임금단가통계에 따르며, 정부임금단가통계도 없을 때에는 공신력 있는 방법에 의하여 조사한 남자 또는 여자 보통 인부의 일용노동임금에 따른다.〈개정 2021. 1. 5.〉	

---

1) 생명, 신체 등의 침해에 대한 손해배상액을 계산하는 방법 중의 하나로 대인배상사고에서 피해자의 장래소득은 '총수입 = 앞으로 일할 수 있는 연수 × (연평균 근로소득 – 생활비 – 세금 등)'의 식으로 산출된다.

 정답 | 법 : 〈40〉 평균임금의 100일분
영 : 〈20〉 호프만방식

제40조의2 【위로금】 ① 공제회는 피공제자인 학생이 교육활동 중에 학교안전사고 이외의 원인을 알 수 없는 사유로 사망한 경우에는 대통령령으로 정하는 위로금을 지급하여야 한다. ② 제1항에 따른 위로금은 제39조제1항에 따른 상속인에게 지급한다. [본조신설 2012. 3. 21.]	제20조의2 【위로금의 지급】 공제회는 피공제자인 학생이 교육활동 중에 학교안전사고 이외의 원인을 알 수 없는 사유로 사망한 경우에 법 제40조의2제1항에 따라 4천만원의 위로금을 지급한다.

THEME 003 교육환경보호에 관한 법률

교육환경 보호에 관한 법률	교육환경 보호에 관한 법률 시행령	교육환경 보호에 관한 법률 시행규칙
제1조 【목적】 이 법은 학교의 ＿＿＿＿＿＿에 필요한 사항을 규정하여 학생이 건강하고 쾌적한 환경에서 교육받을 수 있게 하는 것을 목적으로 한다.		
제2조 【정의】 1. "교육환경"이란 학생의 보건·위생, 안전, 학습 등에 지장이 없도록 하기 위한 학교 및 학교 주변의 모든 요소를 말한다. 2. "학교"란 「유아교육법」 제2조제2호에 따른 유치원, 「초·중등교육법」 제2조 및 「고등교육법」 제2조에 따른 학교, 그 밖에 다른 법률에 따라 설치된 각급학교(국방·치안 등의 사유로 정보공시가 어렵다고 대통령령으로 정하는 학교는 제외한다)를 말한다. 3. "학교설립예정지"란 다음 각 목의 어느 하나에 해당하는 용지를 말한다.	제2조 【적용 제외 학교】 「교육환경 보호에 관한 법률」(이하 "법"이라 한다) 제2조제2호에서 "대통령령으로 정하는 학교"란 「교육관련기관의 정보공개에 관한 특례법 시행령」 제2조에 따른 학교를 말한다.	

정답 법: 〈1〉 교육환경 보호

가. 「국토의 계획 및 이용에 관한 법률」 제30조에 따라 도시·군관리계획으로 결정되어 고시된 학교용지
나. 「유아교육법」 제2조제2호에 따른 유치원을 설립하려는 자가 확보한 유치원 용지[사립유치원을 설립하는 경우에는 특별시·광역시·특별자치시·도 또는 특별자치도 교육감(이하 "교육감"이라 한다)의 설립인가를 받은 용지를 말한다]
다. 「초·중등교육법」 제2조제4호에 따른 특수학교를 설립하려는 자가 확보한 특수학교 용지(사립특수학교를 설립하는 경우에는 교육감의 설립인가를 받은 용지를 말한다)
라. 「초·중등교육법」 제60조의3에 따른 대안학교를 설립하려는 자가 확보한 대안학교 용지(사립대안학교를 설립하는 경우에는 교육감의 설립인가를 받은 용지를 말한다)
4. "학교경계"란 「공간정보의 구축 및 관리 등에 관한 법률」 제2조제19호에 따른 지적공부(地籍公簿)에 등록된 학교용지 경계를 말한다.
5. "학교설립예정지 경계"란 제3호가목부터 라목까지에 따라 고시 또는 확보된 학교용지의 경계를 말한다.

제3조【국가와 지방자치단체 등의 책임】① 국가와 지방자치단체는 교육환경을 보호하기 위하여 필요한 시책을 마련하여야 한다. ② 국가, 지방자치단체, 학교의 장 및 사업시행자는 교육환경 보호의 중요성을 인식하고 이 법에서 정하고 있는 절차가 적절하고 원활하게 추진될 수 있도록 노력하여야 한다.		
제4조【교육환경보호기본계획 등의 수립】① 교육부장관은 학교의 교육환경을 보호하기 위하여 다음 각 호의 사항이 포함된 교육환경보호기본계획(이하 "기본계획"이라 한다)을 ▨▨ 마다 수립하여야 한다. 1. 교육환경 보호를 위한 정책의 기본방향에 관한 사항 2. 교육환경 보호를 위한 교육과 홍보에 관한 사항 3. 그 밖에 교육환경 보호를 위하여 필요한 사항 ② 교육감은 기본계획에 따라 제5조제1항에 따른 시·도교육환경보호위원회의 심의를 거쳐 연도별 시행계획(이하 "시행계획"이라 한다)을 수립·시행하고 그 결과를 교육부장관에게 제출하여야 한다. ③ 교육부장관 및 교육감은 기본계획 또는 시행계획을 수립하기 위하여 필요한 경우에는 관계 행정기관의 장이나 관계 기관·단체의 장에게 자료제공 등의 협조를 요청할 수 있다. 이 경우 협조를 요청받은 관계 행정기관의 장이나 관계 기관·단체의 장은 특별한 사유가 없으면 이에 따라야 한다.	제3조【교육환경보호기본계획의 수립 등】① 교육부장관은 법 제4조제1항에 따른 교육환경보호기본계획(이하 "기본계획"이라 한다)을 해당 <u>기본계획 개시 연도의 전년도</u> ▨▨▨▨까지 수립하여야 한다. ② 교육부장관은 교육환경 보호정책의 변화나 관련 법령의 개정 등 기본계획을 변경할 필요가 있는 경우에는 기본계획을 변경할 수 있다. 이 경우 미리 관계 행정기관의 장이나 관계 기관·단체의 장의 의견을 들을 수 있다. ③ 교육부장관은 기본계획을 수립 또는 변경한 경우 즉시 관계 행정기관의 장, 관계 기관·단체의 장 및 특별시·광역시·특별자치시·도 또는 특별자치도 교육감(이하 "교육감"이라 한다)에게 통보하여야 한다.	

정답
법: 〈4〉 5년
영: 〈3〉 10월 31일

④ 제1항 및 제2항에 따른 기본계획과 시행계획의 수립시기·내용 및 시행계획의 제출시기·방법 등 그 밖에 필요한 사항은 대통령으로 정한다.	제4조【교육환경보호시행계획의 수립 등】 ① 교육감은 법 제4조제2항에 따른 교육환경보호를 위한 연도별 시행계획(이하 "시행계획"이라 한다)을 시행계획 시행 전년도 12월 31일까지 수립하고 즉시 교육부장관에게 제출하여야 한다. ② 시행계획에는 다음 각 호의 사항이 포함되어야 한다. 1. 기본계획에 따른 세부 집행계획 2. 교육환경 보호 사업을 위한 재원 조달계획 3. 그 밖에 교육환경 보호와 관련하여 교육감이 필요하다고 인정하는 사항 ③ 교육감은 시행계획의 시행결과를 다음 연도 3월 31일까지 교육부장관에게 제출하여야 한다.	
제8조【교육환경보호구역의 설정 등】 ① 교육감은 학교경계 또는 학교설립예정지 경계(이하 "학교경계등"이라 한다)로부터 직선거리 200미터의 범위 안의 지역을 다음 각 호의 구분에 따라 교육환경보호구역으로 설정·고시하여야 한다. 1. _____: 학교출입문으로부터 직선거리로 50미터까지인 지역(학교설립예정지의 경우 학교경계로부터 직선거리 50미터까지인 지역) 2. _____: 학교경계등으로부터 직선거리로 200미터까지인 지역 중 절대보호구역을 제외한 지역	제21조【교육환경보호구역의 설정 등】① 법 제8조제1항에 따른 교육환경보호구역(이하 "보호구역"이라 한다)의 고시는 다음 각 호의 사항을 포함하여야 한다. 1. 보호구역 설정일자 2. 설정된 보호구역의 위치 및 면적 3. 설정된 보호구역이 표시된 지적도면 ② 교육감은 보호구역을 설정한 경우 그 설정·고시에 관한 사항을 시장(특별자치시장 및 행정시의 시장을 포함한다)·군수 또는 구청장(자치구의 구청장을 말한다)에게 통보하여야 한다.	제5조【교육환경보호구역 알림 표지판】영 제21조제3항에서 "교육부령으로 정하는 표지판"이란 별표 2에 따라 작성된 표지판을 말한다.

 정답 | 법: ⟨8⟩ • 절대보호구역 • 상대보호구역

② 학교설립예정지를 결정·고시한 자나 학교설립을 인가한 자는 학교설립예정지가 확정되면 지체 없이 관할 교육감에게 그 사실을 통보하여야 한다.
③ 교육감은 제2항에 따라 학교설립예정지가 통보된 날부터 30일 이내에 제1항에 따른 교육환경보호구역을 설정·고시하여야 한다.
④ 제1항에 따라 설정·고시된 교육환경보호구역이 다음 각 호의 어느 하나에 해당하게 된 때에는 그 효력을 상실한다.
1. 학교가 폐교되거나 이전(移轉)하게 된 때(대통령령으로 정하는 바에 따른 학교설립계획 등이 있는 경우는 제외한다)
2. 학교설립예정지에 대한 도시·군관리계획결정의 효력이 상실된 때
3. 유치원이나 특수학교 또는 대안학교의 설립계획이 취소되었거나 설립인가가 취소된 때
⑤ 제1항에 따른 교육감의 권한은 대통령령으로 정하는 바에 따라 교육장에게 위임할 수 있다.

③ 교육감은 보호구역임을 알리기 위하여 교육부령으로 정하는 표지판을 설치할 수 있다.
④ 법 제8조제4항제1호에서 "대통령령으로 정하는 바에 따른 학교설립계획 등이 있는 경우"란 폐교 또는 이전(移轉)이 완료되기 전에 폐교 또는 이전 대상 학교의 기존 학교 용지를 활용하여 다른 학교를 설립하거나 이전하려는 계획을 교육감에게 인정받은 경우로서 교육감이 그에 관한 사항을 정보시스템 또는 교육청의 인터넷 홈페이지에 게시하는 등의 방법으로 공표한 경우를 말한다.
⑤ 교육감(특별자치시 교육감은 제외한다)은 법 제8조제5항에 따라 같은 조 제1항에 따른 권한을 교육장에게 위임한다.

제9조 【교육환경보호구역에서의 _____ 등】 누구든지 _____ 교육환경보호구역에서는 다음 각 호의 어느 하나에 해당하는 행위 및 시설을 하여서는 아니 된다. 다만, 상대보호구역에서는 제14호부터 제27호까지 및 제29호부터 제31호까지에 규정된 행위 및 시설 중 교육감이나 교육감이 위

제22조 【보호구역에서의 금지행위 등】
① 법 제9조제7호에서 "대통령령으로 정하는 시설"이란 다음 각 호의 어느 하나에 해당하는 시설을 말한다.〈신설 2020. 9. 22.〉
1. 「택지개발촉진법」 제2조제4호에 따른 택지개발사업을 시행하는 동안 발생하는 임목(林木) 폐기물을 처리하기 위한 「폐기물관리법 시행

정답 법: 〈9〉 • 금지행위 • 학생의 보건·위생, 안전, 학습과 교육환경 보호를 위하여

임한 자가 지역위원회의 심의를 거쳐 학습과 교육환경에 나쁜 영향을 주지 아니한다고 인정하는 행위 및 시설은 제외한다.
1. 「대기환경보전법」 제16조제1항에 따른 배출허용기준을 초과하여 대기오염물질을 배출하는 시설
2. 「물환경보전법」 제32조제1항에 따른 배출허용기준을 초과하여 수질오염물질을 배출하는 시설과 제48조에 따른 폐수종말처리시설
3. 「가축분뇨의 관리 및 이용에 관한 법률」 제11조에 따른 배출시설, 제12조에 따른 처리시설 및 제24조에 따른 공공처리시설
4. 「하수도법」 제2조제11호에 따른 분뇨처리시설
5. 「악취방지법」 제7조에 따른 배출허용기준을 초과하여 악취를 배출하는 시설
6. 「소음·진동관리법」 제7조 및 제21조에 따른 배출허용기준을 초과하여 소음·진동을 배출하는 시설
7. 「폐기물관리법」 제2조제8호에 따른 폐기물처리시설(규모, 용도, 기간 및 학습과 학교보건위생에 대한 영향 등을 고려하여 대통령령으로 정하는 시설은 제외한다)
8. 「가축전염병 예방법」 제11조제1항·제20조제1항에 따른 가축 사체, 제23조제1항에 따른 오염물건 및 제33조제1항에 따른 수입금지 물건의 소각·매몰지

령」 별표 3 제1호나목2) 또는 제3호가목2)에 따른 파쇄·분쇄 시설
2. 「의료법」 제3조에 따른 의료기관에서 배출되는 「폐기물관리법」 제2조제5호에 따른 의료폐기물을 해당 의료기관 내에서 처리하기 위한 같은 법 시행령 별표 3 제1호나목9)에 따른 멸균분쇄 시설

② 법 제9조제14호에서 "대통령령으로 정하는 시설"이란 다음 각 호의 어느 하나에 해당하는 시설을 말한다.〈개정 2017. 12. 12., 2020. 9. 22., 2022. 11. 29.〉
1. 학교에서 교육 또는 연구 목적으로 설치하는 시설
2. 「고압가스 안전관리법 시행령」 제4조제2호에 따른 고압가스제조의 신고대상(동일 건축물 내에 설치되는 각각의 시설용량의 총량이 신고 규모인 경우를 포함한다) 중 건축물의 냉·난방용 냉동제조에 사용되는 시설
3. 「의료법」 제3조에 따른 의료기관의 의료용 산소 공급 시설
4. 「소방시설 설치 및 관리에 관한 법률」 제2조제1항제1호에 따른 소방시설
5. 다음 각 목의 기관에서 설치하는 소방·의료용 시설

9. 「장사 등에 관한 법률」 제2조제8호에 따른 화장시설·제9호에 따른 봉안시설 및 제13호에 따른 자연장지(같은 법 제16조제1항제1호에 따른 개인·가족자연장지와 제2호에 따른 종중·문중자연장지는 제외한다)
10. 「축산물 위생관리법」 제21조제1항제1호에 따른 도축업 시설
11. 「축산법」 제34조제1항에 따른 가축시장
12. 「영화 및 비디오물의 진흥에 관한 법률」 제2조제11호의 제한상영관
13. 「청소년 보호법」 제2조제5호가목7)에 해당하는 업소와 같은 호 가목8), 가목9) 및 나목7)에 따라 여성가족부장관이 고시한 영업에 해당하는 업소
14. 「고압가스 안전관리법」 제2조에 따른 고압가스, 「도시가스사업법」 제2조제1호에 따른 도시가스 또는 「액화석유가스의 안전관리 및 사업법」 제2조제1호에 따른 액화석유가스의 제조, 충전 및 저장하는 시설(관계 법령에서 정한 허가 또는 신고 이하의 시설이라 하더라도 동일 건축물 내에 설치되는 각각의 시설용량의 총량이 허가 또는 신고 규모 이상이 되는 시설은 포함하되, 규모, 용도 및 학습과 학교보건위생에 대한 영향 등을 고려하여 대통령령으로 정하는 시설의 전부 또는 일부는 제외한다)

　가. 「소방기본법」 제3조제1항에 따른 소방기관
　나. 중앙소방학교 및 중앙119구조본부
③ 법 제9조제15호에서 "대통령령으로 정하는 장소"란 다음 각 호의 어느 하나에 해당하는 장소를 말한다.〈개정 2020. 9. 22.〉
1. 「폐기물관리법」 제8조제1항에 따라 특별자치시장, 특별자치도지사, 시장·군수·구청장이나 공원·도로 등 시설의 관리자가 폐기물의 수집을 위하여 마련한 장소
2. 「폐기물관리법」 제46조제1항제2호에 해당하는 자가 해당 폐기물의 수집을 위하여 마련한 장소
④ 법 제9조제27호에서 "대통령령으로 정하는 숙박업 또는 관광숙박업"이란 다음 각 호의 업(業)을 말한다.〈신설 2022. 3. 25.〉
1. 「관광진흥법 시행령」 제2조제1항제2호다목의 한국전통호텔업
2. 「관광진흥법 시행령」 제2조제1항제2호라목의 가족호텔업
⑤ 법 제9조제29호에서 "대통령령으로 정하는 수량 이상으로 취급하는 시설"이란 「화학물질관리법」 제23조제4항에 따른 기준 이상의 유해화학물질 취급시설을 말한다.〈개정 2020. 9. 22., 2022. 3. 25.〉

15. 「폐기물관리법」 제2조제1호에 따른 폐기물을 수집·보관·처분하는 장소(규모, 용도, 기간 및 학습과 학교보건위생에 대한 영향 등을 고려하여 대통령령으로 정하는 장소는 제외한다)
16. 「총포·도검·화약류 등의 안전관리에 관한 법률」 제2조에 따른 총포 또는 화약류의 제조소 및 저장소
17. 「감염병의 예방 및 관리에 관한 법률」 제37조제1항제2호에 따른
18. 「담배사업법」에 의한 지정소매인, 그 밖에 담배를 판매하는 자가 설치하는 담배자동판매기(「유아교육법」 제2조제2호에 따른 유치원 및 「고등교육법」 제2조 각 호에 따른 학교의 교육환경보호구역은 제외한다)
19. 「게임산업진흥에 관한 법률」 제2조제6호, 제7호 또는 제8호에 따른 게임제공업, 인터넷컴퓨터게임시설제공업 및 복합유통게임제공업(「유아교육법」 제2조제2호에 따른 유치원 및 「고등교육법」 제2조 각 호에 따른 학교의 교육환경보호구역은 제외한다)
20. 「게임산업진흥에 관한 법률」 제2조제6호다목에 따라 제공되는 게임물 시설(「고등교육법」 제2조 각 호에 따른 학교의 교육환경보호구역은 제외한다)

 정답 | 법 : ⟨9⟩ 격리소·요양소 또는 진료소

21. 「체육시설의 설치·이용에 관한 법률」제3조에 따른 체육시설 중 무도학원 및 무도장(「유아교육법」 제2조제2호에 따른 유치원, 「초·중등교육법」 제2조제1호에 따른 초등학교, 같은 법 제60조의3에 따라 초등학교 과정만을 운영하는 대안학교 및 「고등교육법」 제2조 각 호에 따른 학교의 교육환경보호구역은 제외한다)
22. 「한국마사회법」 제4조에 따른 경마장 및 제6조제2항에 따른 장외발매소, 「경륜·경정법」 제5조에 따른 경주장 및 제9조제2항에 따른 장외매장
23. 「사행행위 등 규제 및 처벌 특례법」 제2조제1항제2호에 따른 사행행위영업
24. 「음악산업진흥에 관한 법률」 제2조제13호에 따른 노래연습장업(「유아교육법」 제2조제2호에 따른 유치원 및 「고등교육법」 제2조 각 호에 따른 학교의 교육환경보호구역은 제외한다)
25. 「영화 및 비디오물의 진흥에 관한 법률」 제2조제16호가목 및 라목에 해당하는 비디오물감상실업 및 복합영상물제공업의 시설(「유아교육법」 제2조제2호에 따른 유치원 및 「고등교육법」 제2조 각 호에 따른 학교의 교육환경보호구역은 제외한다)

26. 「식품위생법」 제36조제1항제3호에 따른 식품접객업 중 단란주점영업 및 유흥주점영업
27. 「공중위생관리법」 제2조제1항제2호에 따른 숙박업 및 「관광진흥법」 제3조제1항제2호에 따른 관광숙박업(「국제회의산업 육성에 관한 법률」 제2조제3호에 따른 국제회의시설에 부속된 숙박시설과 규모, 용도, 기간 및 학습과 학교보건위생에 대한 영향 등을 고려하여 대통령령으로 정하는 숙박업 또는 관광숙박업은 제외한다)
28. 삭제〈2021. 9. 24.〉
29. 「화학물질관리법」 제39조에 따른 사고대비물질의 취급시설 중 대통령령으로 정하는 수량 이상으로 취급하는 시설
30. 「통계법」 제22조제1항에 따라 통계청장이 고시하는 한국표준산업분류에 따른 제조업 중 레미콘 제조업(시멘트와 모래, 자갈 등의 광물성 물질 혼합물에 물을 첨가하여 굳지 아니한 상태로 구매자에게 공급하는 콘크리트용 비내화 혼합물을 제조하는 산업활동)
31. 「정신건강증진 및 정신질환자 복지서비스 지원에 관한 법률」 제3조제7호에 따른 정신재활시설 중 중독자재활시설(알코올 중독, 약물 중독 또는 게임 중독 등으로 인한 정신질환자 등을 치유하거나 재활을 돕는 시설)
32. 「관광진흥법」 제3조제1항제5호에 따른 카지노업

제10조【금지행위 등에 대한 조치】
① _____(자치구의 구청장을 말한다. 이하 같다) 또는 _____ (이하 "관계행정기관등의 장"이라 한다)은 제9조 각 호의 행위 및 시설(제9조 단서에 따라 심의를 받은 행위 및 시설은 제외한다. 이하 같다)을 방지하기 위하여 공사의 중지·제한, 영업의 정지 및 허가·인가·등록·신고의 거부·취소 등의 조치(이하 "처분"이라 한다)를 하여야 하며, 교육환경을 위해하여 철거가 불가피하다고 판단하면 사업시행자에게 해당 시설물의 철거를 명할 수 있다.
② 관계행정기관등의 장은 사업시행자가 제1항에 따른 철거명령을 이행하지 아니하는 경우 「행정대집행법」에서 정하는 바에 따라 대집행을 할 수 있다.
③ 교육감은 교육환경 보호를 위하여 관계행정기관등의 장에게 교육환경보호구역 내 제9조 각 호의 행위 및 시설에 대한 처분 및 시설물의 철거명령을 요청할 수 있다.
④ 제3항에 따른 요청을 받은 관계행정기관등의 장은 특별한 사정이 없으면 요청에 따른 조치를 취하고, 그 결과를 교육감에게 요청받은 날부터 1개월 이내에 알려야 한다.
⑤ 제3항과 제4항에 따른 교육감의 권한은 대통령령으로 정하는 바에 따라 그 일부를 교육장에게 위임할 수 있다.

제23조【금지행위 등에 대한 조치 권한의 위임】교육감(특별자치시 교육감은 제외한다)은 법 제10조제5항에 따라 같은 조 제3항에 따른 권한을 교육장에게 위임한다.

정답 법: 〈10〉 • 시·도지사 및 시장·군수·구청장 • 관계 행정기관의 장

2026
김동현 전공보건
법령요약 빈칸노트

PART 02

지역사회간호 관련 법규

✦THEME 001 　지역보건법
✦THEME 002 　국민건강증진법
✦THEME 003 　감염병예방법
✦THEME 004 　농어촌 등 보건의료를 위한 특별조치법
✦THEME 005 　의료급여법
✦THEME 006 　산업안전보건법 /산업재해보상보험법
✦THEME 007 　정신건강복지법
✦THEME 008 　노인장기요양보험법
✦THEME 009 　환경정책기본법
✦THEME 010 　사회보장기본법

THEME 001 지역보건법

구분	내용
목적	보건소 등 지역보건의료기관의 설치·운영에 관한 사항과 보건의료 관련기관·단체와의 연계·협력을 통하여 지역보건의료기관의 기능을 효과적으로 수행하는 데 필요한 사항을 규정함으로써 지역보건의료정책을 효율적으로 추진하여 지역주민의 _____ 에 이바지함을 목적으로 한다.
정의	1. "지역보건의료기관"이란 지역주민의 건강을 증진하고 질병을 예방·관리하기 위하여 이 법에 따라 설치·운영하는 보건소, 보건의료원, 보건지소 및 _____ 를 말한다. 2. "지역보건의료서비스"란 지역주민의 건강을 증진하고 질병을 예방·관리하기 위하여 지역보건의료기관이 직접 제공하거나 보건의료 관련기관·단체를 통하여 제공하는 서비스로서 보건의료인(「보건의료기본법」 제3조제3호에 따른 보건의료인을 말한다. 이하 같다)이 행하는 모든 활동을 말한다. 3. "보건의료 관련기관·단체"란 지역사회 내에서 공중(公衆) 또는 특정 다수인을 위하여 지역보건의료서비스를 제공하는 의료기관, 약국, 보건의료인 단체 등을 말한다.
책무	① _____ 는 지역보건의료에 관한 조사·연구, 정보의 수집·관리·활용·보호, 인력의 양성·확보 및 고용 안정과 자질 향상 등을 위하여 노력하여야 한다. 〈개정 2016. 2. 3.〉 ② _____ 는 지역보건의료 업무의 효율적 추진을 위하여 기술적·재정적 지원을 하여야 한다. ③ _____ 는 지역주민의 건강 상태에 격차가 발생하지 아니하도록 필요한 방안을 마련하여야 한다.
제4조 (지역사회 건강실태조사)	제4조【지역사회 건강실태조사】 ① 질병관리청장과 특별자치시장·특별자치도지사·시장·군수·구청장(구청장은 자치구의 구청장을 말하며, 이하 "시장·군수·구청장"이라 한다)은 지역주민의 건강 상태 및 건강 문제의 원인 등을 파악하기 위하여 매년 지역사회 건강실태조사를 실시하여야 한다. 〈개정 2023. 3. 28.〉

정답 • 건강 증진 • 건강생활지원센터 • 국가 및 지방자치단체 • 국가 및 지방자치단체 • 국가 및 지방자치단체

② 질병관리청장은 제1항에 따라 지역사회 건강실태조사를 실시할 때에는 미리 보건복지부장관과 협의하여야 한다. 〈신설 2023. 3. 28.〉

③ 제1항에 따른 지역사회 건강실태조사의 방법, 내용 등에 필요한 사항은 대통령령으로 정한다. 〈개정 2023. 3. 28.〉

시행령 제2조 지역사회 건강실태조사의 방법 및 내용	제2조【지역사회 건강실태조사의 방법 및 내용】① _____은 _____과 협의하여「지역보건법」(이하 "법"이라 한다) 제4조 제1항에 따른 지역사회 건강실태조사(이하 "지역사회 건강실태조사"라 한다)를 매년 지방자치단체의 장에게 협조를 요청하여 실시한다. 〈개정 2020. 9. 11.〉 ② 제1항에 따라 협조 요청을 받은 지방자치단체의 장은 매년 보건소(보건의료원을 포함한다. 이하 같다)를 통하여 지역 주민을 대상으로 지역사회 건강실태조사를 실시하여야 한다. 이 경우 지방자치단체의 장은 지역사회 건강실태조사의 결과를 질병관리청장에게 통보하여야 한다. 〈개정 2020. 9. 11.〉 ③ 지역사회 건강실태조사는 표본조사를 원칙으로 하되, 필요한 경우에는 전수조사를 할 수 있다. ④ 지역사회 건강실태조사의 내용에는 다음 각 호의 사항이 포함되어야 한다. 〈개정 2020. 9. 11.〉 1. 흡연, 음주 등 건강 관련 _____에 관한 사항 2. 건강검진 및 예방접종 등 _____에 관한 사항 3. 질병 및 보건의료서비스 _____에 관한 사항 4. _____에 관한 사항 5. 활동의 제한 및 _____에 관한 사항 6. 그 밖에 지역사회 건강실태조사에 포함되어야 한다고 질병관리청장이 정하는 사항
지역보건심의위원회	① 지역보건의료에 관한 다음 각 호의 사항을 심의하기 위하여 특별시·광역시·도 및 특별자치시·특별자치도·시·군·구(구는 자치구를 말하며, 이하 "시·군·구"라 한다)에 지역보건의료심의위원회(이하 "위원회"라 한다)를 둔다. 1. 지역사회 건강실태조사 등 지역보건의료의 실태조사에 관한 사항 2. 지역보건의료계획 및 연차별 시행계획의 수립·시행 및 평가에 관한 사항 3. 지역보건의료계획의 효율적 시행을 위하여 보건의료 관련기관·단체, 학교, 직장 등과의 협력이 필요한 사항 4. 그 밖에 지역보건의료시책의 추진을 위하여 필요한 사항 ② 위원회는 위원장 1명을 포함한 _____ 이내의 위원으로 구성하며, 위원장은 해당 지방자치단체의 부단체장(부단체장이 2명 이상인 지방자치단체에서는 대통령령으로 정하는 부단체장을 말한다)이 된다. 다만, 제4항에 따라 다른 위원회가 위원회의 기능을 대신하는 경우 위원장은 조례로 정한다.

정답 •질병관리청장 •보건복지부장관 •생활습관 •질병 예방 •이용 실태 •사고 및 중독 •삶의 질 •20명

	③ 위원회의 위원은 지역주민 대표, 학교보건 관계자, 산업안전·보건 관계자, 보건의료 관련기관·단체의 임직원 및 관계 공무원 중에서 해당 위원회가 속하는 지방자치단체의 장이 임명하거나 위촉한다. ④ 위원회는 그 기능을 담당하기에 적합한 다른 위원회가 있고 그 위원회의 위원이 제3항에 따른 자격을 갖춘 경우에는 시·도 또는 시·군·구의 조례에 따라 위원회의 기능을 통합하여 운영할 수 있다. ⑤ 제1항부터 제4항까지에서 규정한 사항 외에 위원회의 구성과 운영 등에 필요한 사항은 대통령령으로 정한다.
지역보건의료계획의 수립·시행	제7조 【지역보건의료계획의 수립 등】 ① 시·도지사 또는 시장·군수·구청장은 지역주민의 건강 증진을 위하여 다음 각 호의 사항이 포함된 지역보건의료계획을 ___ 마다 제3항 및 제4항에 따라 수립하여야 한다. 〈개정 2023. 3. 28.〉 1. 보건의료 수요의 측정 2. 지역보건의료서비스에 관한 _____ 공급대책 3. 인력·조직·재정 등 보건의료자원의 조달 및 관리 4. 지역보건의료서비스의 제공을 위한 _____ 구성 방안 5. 지역보건의료에 관련된 통계의 수집 및 정리 ② 시·도지사 또는 시장·군수·구청장은 매년 제1항에 따른 지역보건의료계획에 따라 연차별 시행계획을 수립하여야 한다. ③ 시장·군수·구청장(특별자치시장·특별자치도지사는 제외한다. 이하 이 조에서 같다)은 해당 시·군·구(특별자치시·특별자치도는 제외한다. 이하 이 조에서 같다) 위원회의 심의를 거쳐 지역보건의료계획(연차별 시행계획을 포함한다. 이하 이 조에서 같다)을 수립한 후 해당 시·군·구의회에 보고하고 시·도지사에게 제출하여야 한다. ④ 특별자치시장·특별자치도지사 및 제3항에 따라 관할 시·군·구의 지역보건의료계획을 받은 시·도지사는 해당 위원회의 심의를 거쳐 시·도(특별자치시·특별자치도를 포함한다. 이하 이 조에서 같다)의 지역보건의료계획을 수립한 후 해당 시·도의회에 보고하고 보건복지부장관에게 제출하여야 한다.
보건소의 설치	제10조 【보건소의 설치】 ① 지역주민의 건강을 증진하고 질병을 예방·관리하기 위하여 시·군·구에 ___ 소의 보건소(보건의료원을 포함한다. 이하 같다)를 설치한다. 다만, 시·군·구의 인구가 _____ 명을 초과하는 등 지역주민의 보건의료를 위하여 특별히 필요하다고 인정되는 경우에는 대통령령으로 정하는 기준에 따라 해당 지방자치단체의 조례로 보건소를 추가로 설치할 수 있다. 〈개정 2021. 8. 17.〉 ② 동일한 시·군·구에 ___ 이상의 보건소가 설치되어 있는 경우 _____ 로 정하는 바에 따라 업무를 총괄하는 보건소를 지정하여 운영할 수 있다

정답 •4년 •장기·단기 •전달체계 •1개 •30만 •2개 •해당 지방자치단체의 조례

보건소의 기능 및 업무	① 보건소는 해당 지방자치단체의 관할 구역에서 다음 각 호의 기능 및 업무를 수행한다. 〈개정 2016. 2. 3., 2019. 1. 15., 2019. 12. 3.〉 1. 건강 친화적인 지역사회 여건의 조성 2. 지역보건의료정책의 기획, 조사·연구 및 평가 3. 보건의료인 및 「보건의료기본법」 제3조제4호에 따른 보건의료기관 등에 대한 지도·관리·육성과 국민보건 향상을 위한 지도·관리 4. 보건의료 관련기관·단체, 학교, 직장 등과의 협력체계 구축 5. 지역주민의 건강증진 및 질병예방·관리를 위한 다음 각 목의 ▨▨▨▨▨▨ 의 제공 　가. 국민건강증진·구강건강·영양관리사업 및 보건교육 　나. ▨▨▨ 의 예방 및 관리 　다. 모성과 영유아의 건강유지·증진 　라. 여성·노인·장애인 등 보건의료 ▨▨▨▨ 의 건강유지·증진 　마. 정신건강증진 및 생명존중에 관한 사항 　바. 지역주민에 대한 진료, 건강검진 및 만성질환 등의 질병관리에 관한 사항 　사. 가정 및 사회복지시설 등을 방문하여 행하는 보건의료 및 건강관리사업 　아. ▨▨ 의 예방 및 관리 ② 보건복지부장관이 지정하여 고시하는 의료취약지의 보건소는 제1항제5호아목 중 대통령령으로 정하는 업무를 수행할 수 있다. 〈신설 2019. 12. 3.〉 ③ 제1항 및 제2항에 따른 보건소 기능 및 업무 등에 관하여 필요한 세부 사항은 대통령령으로 정한다.
시행령 제9조	제9조 【보건소의 기능 및 업무의 세부 사항】 ① 법 제11조제1항제2호에 따른 지역보건의료정책의 기획, 조사·연구 및 평가의 세부 사항은 다음 각 호와 같다. 1. 지역보건의료계획 등 보건의료 및 건강증진에 관한 중장기 계획 및 실행계획의 수립·시행 및 평가에 관한 사항 2. 지역사회 건강실태조사 등 보건의료 및 건강증진에 관한 조사·연구에 관한 사항 3. 보건에 관한 실험 또는 검사에 관한 사항 ② 법 제11조제1항제3호에 따른 보건의료인 및 「보건의료기본법」 제3조제4호에 따른 보건의료기관 등에 대한 지도·관리·육성과 국민보건 향상을 위한 지도·관리의 세부 사항은 다음 각 호와 같다. 〈개정 2018. 12. 18.〉 1. 의료인 및 의료기관에 대한 지도 등에 관한 사항

정답 • 지역보건의료서비스 • 감염병 • 취약계층 • 난임

	2. 의료기사·보건의료정보관리사 및 안경사에 대한 지도 등에 관한 사항 3. 응급의료에 관한 사항 4. 「농어촌 등 보건의료를 위한 특별조치법」에 따른 공중보건의사, 보건진료 전담공무원 및 보건진료소에 대한 지도 등에 관한 사항 5. 약사에 관한 사항과 마약·향정신성의약품의 관리에 관한 사항 6. 공중위생 및 식품위생에 관한 사항 ③ 법 제11조제2항에서 "대통령령으로 정하는 업무"란 난임시술 주사제 투약에 관한 지원 및 정보 제공을 말한다.
보건의료원	보건소 중 「의료법」 제3조제2항제3호가목에 따른 병원의 요건을 갖춘 보건소는 보건의료원이라는 명칭을 사용할 수 있다.
보건지소	지방자치단체는 보건소의 업무수행을 위하여 필요하다고 인정하는 경우에는 대통령령으로 정하는 기준에 따라 해당 지방자치단체의 조례로 보건소의 지소를 설치할 수 있다.
건강생활지원센터의 설치	지방자치단체는 보건소의 업무 중에서 특별히 지역주민의 ㅤㅤㅤㅤㅤㅤㅤㅤㅤㅤㅤㅤㅤㅤ 을 지원하는 건강생활지원센터를 대통령령으로 정하는 기준에 따라 해당 지방자치단체의 조례로 설치할 수 있다.
전문인력의 적정 배치 등	① 지역보건의료기관에는 기관의 장과 해당 기관의 기능을 수행하는 데 필요한 면허·자격 또는 전문지식을 가진 인력(이하 "전문인력"이라 한다)을 두어야 한다. ② 시·도지사(특별자치시장·특별자치도지사를 포함한다)는 지역보건의료기관의 전문인력을 적정하게 배치하기 위하여 필요한 경우 「지방공무원법」 제30조의2제2항에 따라 지역보건의료기관 간에 전문인력의 교류를 할 수 있다. ③ 보건복지부장관과 시·도지사(특별자치시장·특별자치도지사를 포함한다)는 지역보건의료기관의 전문인력의 자질 향상을 위하여 필요한 교육훈련을 시행하여야 한다. ④ 보건복지부장관은 지역보건의료기관의 전문인력의 배치 및 운영 실태를 조사할 수 있으며, 그 배치 및 운영이 부적절하다고 판단될 때에는 그 시정을 위하여 시·도지사 또는 시장·군수·구청장에게 권고할 수 있다. ⑤ 제1항에 따른 전문인력의 배치 및 임용자격 기준과 제3항에 따른 교육훈련의 대상·기간·평가 및 그 결과 처리 등에 필요한 사항은 대통령령으로 정한다.
방문건강관리 전담공무원	① 제11조제1항제5호사목의 방문건강관리사업을 담당하게 하기 위하여 지역보건의료기관에 보건복지부령으로 정하는 전문인력을 방문건강관리 전담공무원으로 둘 수 있다. ② 국가는 제1항에 따른 방문건강관리 전담공무원의 배치에 필요한 비용의 전부 또는 일부를 보조할 수 있다.

정답 • 만성질환 예방 및 건강한 생활습관 형성

THEME 002 국민건강증진법

구분	내용
목적	국민에게 건강에 대한 가치와 책임의식을 함양하도록 건강에 관한 바른 지식을 보급하고 스스로 건강생활을 실천할 수 있는 여건을 조성함으로써 국민의 건강을 증진함을 목적으로 한다.
정의	1. "▇▇▇▇▇▇▇"이라 함은 보건교육, 질병예방, 영양개선, 신체활동장려, 건강관리 및 건강생활의 실천등을 통하여 국민의 건강을 증진시키는 사업을 말한다. 2. "▇▇▇▇"이라 함은 개인 또는 집단으로 하여금 건강에 유익한 행위를 자발적으로 수행하도록 하는 교육을 말한다. 3. "영양개선"이라 함은 개인 또는 집단이 균형된 식생활을 통하여 건강을 개선시키는 것을 말한다. 4. "▇▇▇▇▇"란 개인 또는 집단이 일상생활 중 신체의 근육을 활용하여 에너지를 소비하는 모든 활동을 자발적으로 적극 수행하도록 장려하는 것을 말한다. 5. "건강관리"란 개인 또는 집단이 건강에 유익한 행위를 지속적으로 수행함으로써 건강한 상태를 유지하는 것을 말한다. 6. "▇▇▇▇▇"란 근로자의 건강증진을 위하여 직장 내 문화 및 환경을 건강친화적으로 조성하고, 근로자가 자신의 건강관리를 적극적으로 수행할 수 있도록 교육, 상담 프로그램 등을 지원하는 것을 말한다.
책임	① 국가 및 지방자치단체는 건강에 관한 국민의 관심을 높이고 국민건강을 증진할 책임을 진다. ② 모든 국민은 자신 및 가족의 건강을 증진하도록 노력하여야 하며, 타인의 건강에 해를 끼치는 행위를 하여서는 아니된다.
국민건강증진 종합계획의 수립	① 보건복지부장관은 제5조의 규정에 따른 국민건강증진정책심의위원회의 심의를 거쳐 국민건강증진종합계획(이하 "종합계획"이라 한다)을 ▇▇마다 수립하여야 한다. 이 경우 미리 관계중앙행정기관의 장과 협의를 거쳐야 한다. 〈개정 2008. 2. 29., 2010. 1. 18.〉 ② 종합계획에 포함되어야 할 사항은 다음과 같다. 〈개정 2014. 3. 18.〉 1. 국민건강증진의 기본목표 및 추진방향

정답 • 국민건강증진사업 • 보건교육 • 신체활동장려 • 건강친화제도 • 5년

	2. 국민건강증진을 위한 주요 추진과제 및 추진방법 3. 국민건강증진에 관한 인력의 관리 및 소요재원의 조달방안 4. 제22조의 규정에 따른 국민건강증진기금의 운용방안 4의2. 아동·여성·노인·장애인 등 건강취약 집단이나 계층에 대한 건강증진 지원방안 5. 국민건강증진 관련 통계 및 정보의 관리 방안 6. 그 밖에 국민건강증진을 위하여 필요한 사항
건강친화 환경 조성 및 건강생활의 지원 등	① 국가 및 지방자치단체는 건강친화 환경을 조성하고, 국민이 건강생활을 실천할 수 있도록 지원하여야 한다. 〈개정 2019. 12. 3.〉 ② 국가는 혼인과 가정생활을 보호하기 위하여 혼인전에 혼인 당사자의 건강을 확인하도록 권장하여야 한다. ③ 제2항의 규정에 의한 건강확인의 내용 및 절차에 관하여 필요한 사항은 보건복지부령으로 정한다.
시행령 제3조	제3조【건강확인의 내용 및 절차】① 「국민건강증진법」(이하 "법"이라 한다) 제6조제3항의 규정에 의한 건강확인의 내용은 다음 각호의 질환으로서 보건복지부장관이 정하는 질환으로 한다. 〈개정 2006. 4. 25., 2008. 3. 3., 2010. 3. 19.〉 1. 자녀에게 건강상 현저한 장애를 줄 수 있는 유전성질환 2. 혼인당사자 또는 그 가족에게 건강상 현저한 장애를 줄 수 있는 전염성질환 ② 특별자치시장·특별자치도지사·시장·군수·구청장은 혼인하고자 하는 자가 제1항의 규정에 의한 내용을 확인하고자 할 때에는 보건소 또는 특별자치시장·특별자치도지사·시장·군수·구청장이 지정한 의료기관에서 그 내용을 확인받을 수 있도록 하여야 한다. 〈개정 2018. 6. 29.〉 ③ 제2항의 규정에 의하여 보건소장 또는 의료기관의 장이 혼인하고자 하는 자의 건강을 확인한 경우에는 「의료법」에 의한 진단서에 그 확인내용을 기재하여 교부하여야 한다.
건강도시의 조성	제6조의5【 의 조성 등】① 국가와 지방자치단체는 지역사회 구성원들의 건강을 실현하도록 시민의 건강을 증진하고 도시의 물리적·사회적 환경을 지속적으로 조성·개선하는 도시(이하 " "라 한다)를 이루도록 노력하여야 한다. ② 은 지방자치단체가 건강도시를 구현할 수 있도록 건강도시지표를 작성하여 보급하여야 한다. ③ 은 건강도시 조성 활성화를 위하여 지방자치단체에 행정적·재정적 지원을 할 수 있다. ④ 그 밖에 건강도시지표의 작성 및 보급 등에 관하여 필요한 사항은 보건복지부령으로 정한다

정답 • 건강도시 • 건강도시 • 보건복지부장관 • 보건복지부장관

보건교육의 실시	제12조【보건교육의 실시 등】① 국가 및 지방자치단체는 모든 국민이 올바른 보건의료의 이용과 건강한 생활습관을 실천할 수 있도록 그 대상이 되는 개인 또는 집단의 특성·건강상태·건강의식 수준등에 따라 적절한 보건교육을 실시한다. 〈개정 2016. 3. 2.〉 ② 국가 또는 지방자치단체는 국민건강증진사업관련 법인 또는 단체등이 보건교육을 실시할 경우 이에 필요한 지원을 할 수 있다. 〈개정 1999. 2. 8.〉 ③ 보건복지부장관, 시·도지사 및 시장·군수·구청장은 제2항의 규정에 의하여 보건교육을 실시하는 국민건강증진사업관련 법인 또는 단체 등에 대하여 보건교육의 계획 및 그 결과에 관한 자료를 요청할 수 있다. 〈개정 1997. 12. 13., 1999. 2. 8., 2008. 2. 29., 2010. 1. 18.〉 ④ 제1항의 규정에 의한 보건교육의 내용은 대통령령으로 정한다
보건교육의 내용	시행령 제17조【보건교육의 내용】법 제12조에 따른 보건교육에는 다음 각 호의 사항이 포함되어야 한다. 〈개정 2018. 12. 18.〉 1. _____ 에 관한 사항 2. _____ 등 질병의 예방에 관한 사항 3. _____ 에 관한 사항 4. _____ 에 관한 사항 5. _____ 에 관한 사항 6. 건강증진을 위한 _____ 에 관한 사항 7. 그 밖에 건강증진사업에 관한 사항
국민건강영양조사	제16조【국민건강영양조사 등】① 질병관리청장은 보건복지부장관과 협의하여 국민의 건강상태·식품섭취·식생활조사등 국민의 건강과 영양에 관한 조사(이하 "국민건강영양조사"라 한다)를 정기적으로 실시한다. 〈개정 1997. 12. 13., 2008. 2. 29., 2010. 1. 18., 2020. 8. 11., 2023. 3. 28.〉 ② 특별시·광역시 및 도에는 국민건강영양조사와 영양에 관한 지도업무를 행하게 하기 위한 공무원을 두어야 한다. 〈개정 2023. 3. 28.〉 ③ 국민건강영양조사를 행하는 공무원은 그 권한을 나타내는 증표를 관계인에게 내보여야 한다. 〈개정 2023. 3. 28.〉 ④ 국민건강영양조사의 내용 및 방법, 그 밖에 국민건강영양조사와 영양에 관한 지도에 관하여 필요한 사항은 대통령령으로 정한다. 〈개정 2023. 3. 28.〉

정답 • 금연·절주등 건강생활의 실천 • 만성퇴행성질환 • 영양 및 식생활 • 구강건강 • 공중위생 • 체육활동

구강건강사업	제18조【구강건강사업】① <u>국가 및 지방자치단체</u>는 국민의 구강질환의 예방과 구강건강의 증진을 위하여 다음 각호의 사업을 행한다. 〈개정 2003. 7. 29., 2024. 2. 20.〉 1. 구강건강에 관한 교육사업 2. 수돗물불소농도조정사업 3. 구강건강에 관한 조사·연구사업 4. 아동·노인·장애인·임산부 등 건강취약계층을 위한 구강건강증진사업 5. 기타 구강건강의 증진을 위하여 대통령령이 정하는 사업
건강증진사업	① 국가 및 지방자치단체는 국민건강증진사업에 필요한 요원 및 시설을 확보하고, 그 시설의 이용에 필요한 시책을 강구하여야 한다. ② 특별자치시장·특별자치도지사·시장·군수·구청장은 지역주민의 건강증진을 위하여 보건복지부령이 정하는 바에 의하여 보건소장으로 하여금 다음 각호의 사업을 하게 할 수 있다. 〈개정 1997. 12. 13., 2008. 2. 29., 2010. 1. 18., 2017. 12. 30., 2019. 12. 3.〉 1. 보건교육 및 건강상담 2. 영양관리 3. <u>신체활동장려</u> 4. 구강건강의 관리 5. 질병의 <u>조기발견</u>을 위한 검진 및 처방 6. 지역사회의 <u>보건문제</u>에 관한 조사·연구 7. 기타 건강교실의 운영등 건강증진사업에 관한 사항

정답 • 국가 및 지방자치단체 • 신체활동장려 • 조기발견 • 보건문제

THEME 003 감염병예방법

구분	내용
목적	국민 건강에 위해(危害)가 되는 감염병의 발생과 유행을 방지하고, 그 예방 및 관리를 위하여 필요한 사항을 규정함으로써 국민 건강의 증진 및 유지에 이바지함을 목적으로 한다.
정의	1. "감염병"이란 제1급감염병, 제2급감염병, 제3급감염병, 제4급감염병, 기생충감염병, 세계보건기구 감시대상 감염병, 생물테러감염병, 성매개감염병, 인수(人獸)공통감염병 및 의료관련감염병을 말한다. 2. "제1급감염병"이란 생물테러감염병 또는 치명률이 높거나 집단 발생의 우려가 커서 발생 또는 유행 즉시 신고하여야 하고, 음압격리와 같은 높은 수준의 격리가 필요한 감염병으로서 다음 각 목의 감염병을 말한다. 다만, 갑작스러운 국내 유입 또는 유행이 예견되어 긴급한 예방·관리가 필요하여 질병관리청장이 보건복지부장관과 협의하여 지정하는 감염병을 포함한다. 　가. _____ 　나. 마버그열 　다. 라싸열 　라. 크리미안콩고출혈열 　마. 남아메리카출혈열 　바. 리프트밸리열 　사. 두창 　아. 페스트 　자. _____ 　차. 보툴리눔독소증 　카. 야토병

 정답 | • 에볼라바이러스병 • 탄저

타. 신종감염병증후군
파. 중증급성호흡기증후군(SARS)
하. 중동호흡기증후군(MERS)
거. 동물인플루엔자 인체감염증
너. 신종인플루엔자
더.

3. "제2급감염병"이란 전파가능성을 고려하여 발생 또는 유행 시 24시간 이내에 신고하여야 하고, 격리가 필요한 다음 각 목의 감염병을 말한다. 다만, 갑작스러운 국내 유입 또는 유행이 예견되어 긴급한 예방·관리가 필요하여 질병관리청장이 보건복지부장관과 협의하여 지정하는 감염병을 포함한다.

가.
나.
다.
라.
마. 장티푸스
바. 파라티푸스
사. 세균성이질
아. 장출혈성대장균감염증
자. A형간염
차. 백일해(百日咳)
카. 유행성이하선염(流行性耳下腺炎)
타. 풍진(風疹)
파. 폴리오
하. 수막구균 감염증
거. b형헤모필루스인플루엔자
너. 폐렴구균 감염증
더. 한센병

정의

정답 • 디프테리아 • 결핵(結核) • 수두(水痘) • 홍역(紅疫) • 콜레라

| | 러. 성홍열
머. 반코마이신내성황색포도알균(VRSA) 감염증
버. 카바페넴내성장내세균목(CRE) 감염증
서. E형간염
4. "제3급감염병"이란 그 발생을 계속 감시할 필요가 있어 발생 또는 유행 시 ▦▦ 이내에 신고하여야 하는 다음 각 목의 감염병을 말한다. 다만, 갑작스러운 국내 유입 또는 유행이 예견되어 긴급한 예방·관리가 필요하여 질병관리청장이 보건복지부장관과 협의하여 지정하는 감염병을 포함한다.
가. 파상풍(破傷風)
나. B형간염
다. 일본뇌염
라. C형간염
마. 말라리아
바. 레지오넬라증
사. 비브리오패혈증
아. 발진티푸스
자. 발진열(發疹熱)
차. 쯔쯔가무시증
카. 렙토스피라증
타. 브루셀라증
파. 공수병(恐水病)
하. 신증후군출혈열(腎症侯群出血熱)
거. 후천성면역결핍증(AIDS)
너. 크로이츠펠트-야콥병(CJD) 및 변종크로이츠펠트-야콥병(vCJD)
더. 황열
러. 뎅기열
머. 큐열(Q熱)
버. 웨스트나일열 |
|---|---|
| 정의 | |

 정답 • 24시간

서. 라임병
어. 진드기매개뇌염
저. 유비저(類鼻疽)
처. 치쿤구니야열
커. 중증열성혈소판감소증후군(SFTS)
터. 지카바이러스 감염증
퍼. 매독(梅毒)

5. "제4급감염병"이란 제1급감염병부터 제3급감염병까지의 감염병 외에 유행 여부를 조사하기 위하여 ▨▨▨▨ 활동이 필요한 다음 각 목의 감염병을 말한다. 다만, 질병관리청장이 지정하는 감염병을 포함한다.
   가. 인플루엔자
   나. 삭제 〈2023. 8. 8.〉
   다. 회충증
   라. 편충증
   마. 요충증
   바. 간흡충증
   사. 폐흡충증
   아. 장흡충증
   자. 수족구병
   차. 임질
   카. 클라미디아감염증
   타. 연성하감
   파. 성기단순포진
   하. 첨규콘딜롬
   거. 반코마이신내성장알균(VRE) 감염증
   너. 메티실린내성황색포도알균(MRSA) 감염증
   더. 다제내성녹농균(MRPA) 감염증
   러. 다제내성아시네토박터바우마니균(MRAB) 감염증

정답 • 표본감시

	머. 장관감염증 버. 급성호흡기감염증 서. 해외유입기생충감염증 어. 엔테로바이러스감염증 저. 사람유두종바이러스 감염증
세계보건기구 감시대상 감염병	세계보건기구가 국제공중보건의 비상사태에 대비하기 위하여 감시대상으로 정한 질환으로서 질병관리청장이 고시하는 감염병을 말한다.
생물테러감염병	고의 또는 테러 등을 목적으로 이용된 병원체에 의하여 발생된 감염병 중 질병관리청장이 고시하는 감염병을 말한다.
성매개감염병	성 접촉을 통하여 전파되는 감염병 중 질병관리청장이 고시하는 감염병을 말한다.
인수공통감염병	동물과 사람 간에 서로 전파되는 병원체에 의하여 발생되는 감염병 중 질병관리청장이 고시하는 감염병을 말한다.
의료관련감염병	환자나 임산부 등이 의료행위를 적용받는 과정에서 발생한 감염병으로서 감시활동이 필요하여 질병관리청장이 고시하는 감염병을 말한다.
감염병환자	감염병의 병원체가 인체에 침입하여 증상을 나타내는 사람으로서 제11조제6항의 진단 기준에 따른 의사, 치과의사 또는 한의사의 진단이나 제16조의2에 따른 감염병병원체 확인기관의 실험실 검사를 통하여 확인된 사람을 말한다.
감염병의사환자	감염병병원체가 인체에 침입한 것으로 의심이 되나 감염병환자로 확인되기 전 단계에 있는 사람을 말한다.
질병관리청장이 지정하는 감염병의 종류 고시	1.「감염병의 예방 및 관리에 관한 법률」제2조제4호 각 목 외의 부분 단서에 따라 질병관리청장이 보건복지부장관과 협의하여 지정하는 감염병의 종류는 다음과 같다. 　가. 엠폭스(MPOX) 2.「감염병의 예방 및 관리에 관한 법률」제2조제5호 각 목 외의 부분 단서에 따라 질병관리청장이 지정하는 감염병의 종류는 다음과 같다. 　가. 코로나바이러스감염증-19 3.「감염병의 예방 및 관리에 관한 법률」제2조제6호에 따른 기생충감염병의 종류는 다음 각 목과 같다. 　가. 회충증 　나. 편충증

질병관리청장이 지정하는 감염병의 종류 고시

　　다. 요충증
　　라. 간흡충증
　　마. 폐흡충증
　　바. 장흡충증
　　사. 해외유입기생충감염증
4. 「감염병의 예방 및 관리에 관한 법률」 제2조제8호에 따른 세계보건기구 감시대상 감염병의 종류는 다음 각 목과 같다.
　　가. 두창
　　나. 폴리오
　　다. 신종인플루엔자
　　라. 중증급성호흡기증후군(SARS)
　　마. 콜레라
　　바. 폐렴형 페스트
　　사. 황열
　　아. 바이러스성 출혈열
　　자. 웨스트나일열
5. 「감염병의 예방 및 관리에 관한 법률」 제2조제9호에 따른 생물테러감염병의 종류는 다음 각 목과 같다.
　　가. 탄저
　　나. 보툴리눔독소증
　　다. 페스트
　　라. 마버그열
　　마. 에볼라바이러스병
　　바. 라싸열
　　사. 두창
　　아. 야토병
6. 「감염병의 예방 및 관리에 관한 법률」 제2조제10호에 따른 성매개감염병의 종류는 다음 각 목과 같다.
　　가. 매독

나. 임질

다. 클라미디아감염증

라. 연성하감

마. 성기단순포진

바. 첨규콘딜롬

사. 사람유두종바이러스 감염증

7. 「감염병의 예방 및 관리에 관한 법률」 제2조제11호에 따른 인수공통감염병의 종류는 다음 각 목과 같다.

가. 장출혈성대장균감염증

나. 일본뇌염

다. 브루셀라증

라. 탄저

마. 공수병

바. 동물인플루엔자 인체감염증

사. 중증급성호흡기증후군(SARS)

아. 변종크로이츠펠트-야콥병(vCJD)

자. 큐열

차. 결핵

카. 중증열성혈소판감소증후군(SFTS)

타. 장관감염증

    1) 살모넬라균 감염증

    2) 캄필로박터균 감염증

8. 「감염병의 예방 및 관리에 관한 법률」 제2조제12호에 따른 의료관련감염병의 종류는 다음 각 목과 같다.

가. 반코마이신내성황색포도알균(VRSA) 감염증

나. 반코마이신내성장알균(VRE) 감염증

다. 메티실린내성황색포도알균(MRSA) 감염증

라. 다제내성녹농균(MRPA) 감염증

마. 다제내성아시네토박터바우마니균(MRAB) 감염증
바. 카바페넴내성장내세균목(CRE) 감염증

9. 「감염병의 예방 및 관리에 관한 법률」 제41조제1항에 따른 감염병관리기관, 감염병전문병원 및 감염병관리시설을 갖춘 의료기관에서 입원치료를 받아야 하는 감염병의 종류는 다음 각 목과 같다.
  가. 결핵
  나. 홍역
  다. 콜레라
  라. 장티푸스
  마. 파라티푸스
  바. 세균성이질
  사. 장출혈성대장균감염증
  아. A형간염
  자. 폴리오
  차. 수막구균 감염증
  카. 성홍열

10. 「감염병의 예방 및 관리에 관한 법률」 제42조제1항제4호에 따라 제3급감염병 중 질병관리청장이 정하는 감염병의 종류는 다음과 같다.
  가. 엠폭스(MPOX)

11. (재검토기한) 질병관리청장은 이 고시에 대하여 「훈령·예규 등의 발령 및 관리에 관한 규정」에 따라 2024년 1월 1일을 기준으로 매 3년이 되는 시점(매 3년째의 6월 30일까지를 말한다)마다 그 타당성을 검토하여 개선 등의 조치를 하여야 한다.

| 의사 등의 신고 | 제11조 【의사 등의 신고】 ① 의사, 치과의사 또는 한의사는 다음 각 호의 어느 하나에 해당하는 사실(제16조제6항에 따라 표본감시 대상이 되는 제4급감염병으로 인한 경우는 제외한다)이 있으면 _____에게 보고하여야 하고, 해당 환자와 그 동거인에게 질병관리청장이 정하는 감염 방지 방법 등을 지도하여야 한다. 다만, 의료기관에 소속되지 아니한 의사, 치과의사 또는 한의사는 그 사실을 관할 _____에게 신고하여야 한다. 〈개정 2010. 1. 18., 2015. 12. 29., 2018. 3. 27., 2020. 3. 4., 2020. 8. 11.〉
1. 감염병환자등을 진단하거나 그 사체를 검안(檢案)한 경우
2. 예방접종 후 이상반응자를 진단하거나 그 사체를 검안한 경우 |

정답 • 소속 의료기관의 장 • 보건소장

의사 등의 신고	3. 감염병환자등이 제1급감염병부터 제3급감염병까지에 해당하는 감염병으로 사망한 경우 4. 감염병환자로 의심되는 사람이 감염병병원체 검사를 거부하는 경우 ② 제16조의2에 따른 감염병병원체 확인기관의 소속 직원은 실험실 검사 등을 통하여 보건복지부령으로 정하는 감염병환자등을 발견한 경우 그 사실을 그 기관의 장에게 보고하여야 한다. 〈개정 2015. 7. 6., 2018. 3. 27., 2020. 3. 4.〉 ③ 제1항 및 제2항에 따라 보고를 받은 의료기관의 장 및 제16조의2에 따른 감염병병원체 확인기관의 장은 제1급감염병의 경우에는 즉시, 제2급감염병 및 제3급감염병의 경우에는 24시간 이내에, 제4급감염병의 경우에는 7일 이내에 질병관리청장 또는 관할 보건소장에게 신고하여야 한다. 〈신설 2015. 7. 6., 2018. 3. 27., 2020. 3. 4., 2020. 8. 11.〉 ④ 육군, 해군, 공군 또는 국방부 직할 부대에 소속된 군의관은 제1항 각 호의 어느 하나에 해당하는 사실(제16조제6항에 따라 표본감시 대상이 되는 제4급감염병으로 인한 경우는 제외한다)이 있으면 _____에게 보고하여야 하고, 보고를 받은 소속 부대장은 제1급감염병의 경우에는 즉시, 제2급감염병 및 제3급감염병의 경우에는 24시간 이내에 관할 _____에게 신고하여야 한다. 〈개정 2015. 7. 6., 2015. 12. 29., 2018. 3. 27.〉 ⑤ 제16조제1항에 따른 감염병 표본감시기관은 제16조제6항에 따라 표본감시 대상이 되는 제4급감염병으로 인하여 제1항제1호 또는 제3호에 해당하는 사실이 있으면 보건복지부령으로 정하는 바에 따라 질병관리청장 또는 관할 보건소장에게 신고하여야 한다. 〈개정 2010. 1. 18., 2015. 7. 6., 2015. 12. 29., 2018. 3. 27., 2020. 8. 11.〉 ⑥ 제1항부터 제5항까지의 규정에 따른 감염병환자등의 진단 기준, 신고의 방법 및 절차 등에 관하여 필요한 사항은 보건복지부령으로 정한다.
그 밖의 신고의무자	① 다음 각 호의 어느 하나에 해당하는 사람은 제1급감염병부터 제3급감염병까지에 해당하는 감염병 중 보건복지부령으로 정하는 감염병이 발생한 경우에는 의사, 치과의사 또는 한의사의 진단이나 검안을 요구하거나 해당 주소지를 관할하는 보건소장에게 신고하여야 한다. 〈개정 2010. 1. 18., 2015. 7. 6., 2018. 3. 27., 2020. 12. 15.〉 　1. 일반가정에서는 세대를 같이하는 세대주. 다만, 세대주가 부재 중인 경우에는 그 세대원 　2. 학교, 사회복지시설, 병원, 관공서, 회사, 공연장, 예배장소, 선박·항공기·열차 등 운송수단, 각종 사무소·사업소, 음식점, 숙박업소 또는 그 밖에 여러 사람이 모이는 장소로서 보건복지부령으로 정하는 장소의 관리인, 경영자 또는 대표자 　3. 「약사법」에 따른 약사·한약사 및 약국개설자 ② 제1항에 따른 신고의무자가 아니더라도 감염병환자등 또는 감염병으로 인한 사망자로 의심되는 사람을 발견하면 보건소장에게 알려야 한다. ③ 제1항에 따른 신고의 방법 및 기간 및 제2항에 따른 통보의 방법과 절차 등에 관하여 필요한 사항은 보건복지부령으로 정한다

정답 • 소속 부대장 • 보건소장

보건소장 등의 보고 등	제13조 【보건소장 등의 보고 등】 ① 제11조 및 제12조에 따라 신고를 받은 보건소장은 그 내용을 관할 특별자치시장·특별자치도지사 또는 시장·군수·구청장에게 보고하여야 하며, 보고를 받은 특별자치시장·특별자치도지사는 　　　에게, 시장·군수·구청장은 　　　에게 이를 각각 보고하여야 한다. 〈개정 2010. 1. 18., 2020. 8. 11., 2023. 6. 13.〉 ② 제1항에 따라 보고를 받은 질병관리청장, 시·도지사 또는 시장·군수·구청장은 제11조제1항제4호에 해당하는 사람(제1급감염병 환자로 의심되는 경우에 한정한다)에 대하여 감염병병원체 검사를 하게 할 수 있다. 〈신설 2020. 3. 4., 2020. 8. 11.〉 ③ 제1항에 따른 보고의 방법 및 절차 등에 관하여 필요한 사항은 보건복지부령으로 정한다. 〈개정 2010. 1. 18., 2020. 3. 4.〉
인수공통감염병의 통보	제14조 【인수공통감염병의 통보】 ①「가축전염병예방법」 제11조제1항제2호에 따라 신고를 받은 국립가축방역기관장, 신고대상 가축의 소재지를 관할하는 시장·군수·구청장 또는 시·도 가축방역기관의 장은 같은 법에 따른 가축전염병 중 다음 각 호의 어느 하나에 해당하는 감염병의 경우에는 즉시 질병관리청장에게 통보하여야 한다. 〈개정 2019. 12. 3., 2020. 8. 11.〉 1. 　　 2. 　　 3. 　　 4. 그 밖에 대통령령으로 정하는 인수공통감염병:
필수예방접종	① 특별자치시장·특별자치도지사 또는 시장·군수·구청장은 다음 각 호의 질병에 대하여 관할 보건소를 통하여 필수예방접종(이하 "필수예방접종"이라 한다)을 실시하여야 한다. 〈개정 2010. 1. 18., 2013. 3. 22., 2014. 3. 18., 2016. 12. 2., 2018. 3. 27., 2020. 8. 11., 2023. 3. 28., 2023. 6. 13.〉 1. 디프테리아 2. 폴리오 3. 백일해 4. 홍역 5. 파상풍 6. 결핵 7. B형간염 8. 유행성이하선염 9. 풍진

정답 • 질병관리청장 • 질병관리청장 및 시·도지사 • 탄저 • 고병원성조류인플루엔자 • 광견병 • 동물인플루엔자

	10. 수두 11. 일본뇌염 12. b형헤모필루스인플루엔자 13. 폐렴구균 14. 인플루엔자 15. A형간염 16. 사람유두종바이러스 감염증 17. ▨▨▨▨▨▨▨▨▨▨ 18. 그 밖에 질병관리청장이 감염병의 예방을 위하여 필요하다고 인정하여 지정하는 감염병: ▨▨▨▨▨▨▨▨▨▨ ② 특별자치시장·특별자치도지사 또는 시장·군수·구청장은 제1항에 따른 필수예방접종업무를 대통령령으로 정하는 바에 따라 관할구역 안에 있는 「의료법」에 따른 의료기관에 위탁할 수 있다. 〈개정 2018. 3. 27., 2023. 6. 13.〉 ③ 특별자치시장·특별자치도지사 또는 시장·군수·구청장은 필수예방접종 대상 아동 부모(아동의 법정대리인을 포함한다)에게 보건복지부령으로 정하는 바에 따라 필수예방접종을 사전에 알려야 한다. 이 경우 「개인정보 보호법」 제24조에 따른 고유식별정보를 처리할 수 있다.
임시예방접종	제25조 【임시예방접종】 ① 특별자치시장·특별자치도지사 또는 시장·군수·구청장은 다음 각 호의 어느 하나에 해당하면 관할 보건소를 통하여 임시예방접종(이하 "임시예방접종"이라 한다)을 하여야 한다. 〈개정 2010. 1. 18., 2020. 8. 11., 2023. 6. 13.〉 1. 질병관리청장이 감염병 예방을 위하여 특별자치시장·특별자치도지사 또는 시장·군수·구청장에게 예방접종을 실시할 것을 요청한 경우 2. 특별자치시장·특별자치도지사 또는 시장·군수·구청장이 감염병 예방을 위하여 예방접종이 필요하다고 인정하는 경우 ② 제1항에 따른 임시예방접종업무의 위탁에 관하여는 제24조제2항을 준용한다.

정답 • 그룹 A형 로타바이러스 감염증 • 장티푸스, 신증후군출혈열

THEME 004 농어촌 등 보건의료를 위한 특별조치법

구분	내용
목적	농어촌 등 보건의료 취약지역의 주민 등에게 보건의료를 효율적으로 제공함으로써 국민이 고르게 의료혜택을 받게 하고 국민의 보건을 향상시키는 데에 이바지함을 목적으로 한다.
정의	1. "공중보건의사"란 공중보건업무에 종사하게 하기 위하여 「병역법」 제34조제1항에 따라 공중보건의사에 편입된 의사·치과의사 또는 한의사로서 보건복지부장관으로부터 공중보건업무에 종사할 것을 명령받은 사람을 말한다. 2. "공중보건업무"란 제5조의2제1항 각 호에 따른 기관 또는 시설에서 수행하는 보건의료업무를 말한다. 3. "_____"이란 제19조에 따른 의료행위를 하기 위하여 보건진료소에 근무하는 사람을 말한다. 4. "보건진료소"란 의사가 배치되어 있지 아니하고 계속하여 의사를 배치하기 어려울 것으로 예상되는 의료 취약지역에서 보건진료 전담공무원으로 하여금 의료행위를 하게 하기 위하여 시장·군수가 설치·운영하는 보건의료시설을 말한다.
보건진료소의 설치·운영	제15조【보건진료소의 설치·운영】 ① 시장[도농복합형태(都農複合形態)의 시의 시장을 말하며, 읍·면 지역에서 보건진료소를 설치·운영하는 경우만 해당한다] 또는 군수는 보건의료 취약지역의 주민에게 보건의료를 제공하기 위하여 보건진료소를 설치·운영한다. 다만, 시·구의 관할구역의 도서지역에는 해당 시장·구청장이 보건진료소를 설치·운영할 수 있으며, 군 지역에 있는 보건진료소의 행정구역이 행정구역의 변경 등으로 시 또는 구 지역으로 편입된 경우에는 보건복지부장관이 정하는 바에 따라 해당 시장 또는 구청장이 보건진료소를 계속 운영할 수 있다. ② 보건진료소에 보건진료소장 1명과 필요한 직원을 두되, 보건진료소장은 보건진료 전담공무원으로 보한다. ③ 보건진료소의 설치기준은 보건복지부령으로 정한다.

정답 • 보건진료 전담공무원

보건진료 전담공무원의 자격	제16조 【보건진료 전담공무원의 자격】 ① 보건진료 전담공무원은 ▨▨▨▨ 면허를 가진 사람으로서 보건복지부장관이 실시하는 ▨▨ 이상의 직무교육을 받은 사람이어야 한다. ② 제1항의 직무교육에 필요한 사항은 보건복지부령으로 정한다.
보건진료 전담공무원의 보수교육	제18조 【보건진료 전담공무원의 보수교육】 ① 보건복지부장관은 보건진료 전담공무원의 자질 향상을 위하여 필요하다고 인정하면 보수교육(補修敎育)을 받을 것을 명할 수 있다. ② 제1항의 보수교육의 기간·내용과 그 밖에 필요한 사항은 보건복지부령으로 정한다.
시행규칙 제17조 보건진료소의 설치	① 법 제15조에 따른 보건진료소는 의료 취약지역을 인구 ▨▨▨ 미만을 기준으로 구분한 하나 또는 여러 개의 리·동을 관할구역으로 하여 주민이 편리하게 이용할 수 있는 장소에 설치한다. 〈개정 2023. 6. 26.〉 ② 보건진료소의 시설 및 의료장비기준은 별표와 같다. ③ 군수(법 제15조제1항 본문에 따라 읍·면 지역에 보건진료소를 설치·운영하는 도농복합형태의 시의 시장 및 법 제15조제1항 단서에 따라 관할구역의 도서지역에 보건진료소를 설치·운영하는 시장·구청장을 포함한다. 이하 같다)는 보건진료소를 설치한 때에는 지체 없이 별지 제15호서식에 따라 관할 시·도지사를 거쳐 보건복지부장관에게 보고하여야 한다. 〈개정 2023. 6. 26.〉
시행규칙 제27조 보건진료 전담공무원의 보수교육	① 법 제18조에 따른 보건진료 전담공무원의 보수교육기간은 매년 ▨▨시간 이상으로 하고, 보수교육의 내용은 영 제14조에 따른 보건진료 전담공무원의 업무에 관한 사항으로 한다. ② 제1항의 보수교육은 시·도지사가 실시하되, 관련 기관 또는 단체에 위탁할 수 있다. ③ 시·도지사는 제1항과 제2항에 따라 보건진료 전담공무원의 보수교육을 하였을 때에는 지체 없이 그 결과를 별지 제23호서식에 따라 보건복지부장관에게 보고하여야 한다.

정답 • 간호사·조산사 • 24주 • 5천명 • 21

THEME 005 의료급여법

구분	내용
목적	생활이 어려운 사람에게 의료급여를 함으로써 국민보건의 향상과 사회복지의 증진에 이바지함을 목적으로 한다.
정의	1. "▒▒▒▒"란 이 법에 따라 의료급여를 받을 수 있는 자격을 가진 사람을 말한다. 2. "의료급여기관"이란 수급권자에 대한 진료·조제 또는 투약 등을 담당하는 의료기관 및 약국 등을 말한다. 3. "부양의무자"란 수급권자를 부양할 책임이 있는 사람으로서 수급권자의 1촌 직계혈족 및 그 배우자를 말한다.

수급권자	제3조【수급권자】① 이 법에 따른 수급권자는 다음 각 호와 같다.
	  1. 「국민기초생활 보장법」에 따른 의료급여 수급자
	  2. 「재해구호법」에 따른 이재민으로서 보건복지부장관이 의료급여가 필요하다고 인정한 사람
	  3. 「의사상자 등 예우 및 지원에 관한 법률」에 따라 의료급여를 받는 사람
	  4. 「입양특례법」에 따라 국내에 입양된 18세 미만의 아동
	  5. 「독립유공자예우에 관한 법률」, 「국가유공자 등 예우 및 지원에 관한 법률」 및 「보훈보상대상자 지원에 관한 법률」의 적용을 받고 있는 사람과 그 가족으로서 국가보훈부장관이 의료급여가 필요하다고 추천한 사람 중에서 보건복지부장관이 의료급여가 필요하다고 인정한 사람
	  6. 「무형유산의 보전 및 진흥에 관한 법률」에 따라 지정된 국가무형유산의 보유자(명예보유자를 포함한다)와 그 가족으로서 국가유산청장이 의료급여가 필요하다고 추천한 사람 중에서 보건복지부장관이 의료급여가 필요하다고 인정한 사람
	  7. 「북한이탈주민의 보호 및 정착지원에 관한 법률」의 적용을 받고 있는 사람과 그 가족으로서 보건복지부장관이 의료급여가 필요하다고 인정한 사람
	  8. 「5·18민주화운동 관련자 보상 등에 관한 법률」 제8조에 따라 보상금등을 받은 사람과 그 가족으로서 보건복지부장관이 의료급여가 필요하다고 인정한 사람

정답 • 수급권자

	9. 「노숙인 등의 복지 및 자립지원에 관한 법률」에 따른 노숙인 등으로서 보건복지부장관이 의료급여가 필요하다고 인정한 사람 10. 그 밖에 생활유지 능력이 없거나 생활이 어려운 사람으로서 대통령령으로 정하는 사람 ②제1항제2호 및 제5호부터 제9호까지의 규정에 따른 수급권자의 인정 기준 등에 관한 사항은 보건복지부장관이 정하는 바에 따른다. ③제1항에 따른 수급권자에 대한 의료급여의 내용과 기준은 대통령령으로 정하는 바에 따라 구분하여 달리 정할 수 있다. ④제1항에 따른 수급권자에 대한 의료급여의 개시일 등에 관하여 필요한 사항은 대통령령으로 정한다.
시행령 제3조 수급권자의 구분	① 수급권자는 법 제3조제3항에 따라 1종수급권자와 2종수급권자로 구분한다. 〈개정 2015. 6. 30.〉 ② 1종수급권자는 다음 각 호의 어느 하나에 해당하는 사람으로 한다. 　1. 법 제3조제1항제1호 및 제3호부터 제8호까지의 규정에 해당하는 사람 중 다음 각 목의 어느 하나에 해당하는 사람 　　가. 다음의 어느 하나에 해당하는 사람만으로 구성된 세대의 구성원 　　　1) 18세 미만인 사람 　　　2) 65세 이상인 사람 　　　3) 「장애인고용촉진 및 직업재활법」에 따른 중증장애인 　　　4) 질병, 부상 또는 그 후유증으로 치료나 요양이 필요한 사람 중에서 근로능력평가를 통하여 특별자치시장·특별자치도지사·시장(특별자치도의 행정시장은 제외한다)·군수·구청장(구청장은 자치구의 구청장을 말하며, 이하 "시장·군수·구청장"이라 한다)이 근로능력이 없다고 판정한 사람 　　　5) 세대의 구성원을 양육·간병하는 사람 등 근로가 곤란하다고 보건복지부장관이 정하는 사람 　　　6) 임신 중에 있거나 분만 후 6개월 미만의 여자 　　　7) 「병역법」에 의한 병역의무를 이행중인 사람 　　나. 「국민기초생활 보장법」 제32조에 따른 보장시설에서 급여를 받고 있는 사람 　　다. 보건복지부장관이 정하여 고시하는 결핵질환, 희귀난치성질환 또는 중증질환을 가진 사람 　2. 법 제3조제1항제2호 및 제9호에 해당하는 사람 　3. 제2조제1호에 해당하는 수급권자 　4. 제2조제2호에 해당하는 사람으로서 보건복지부장관이 1종의료급여가 필요하다고 인정하는 사람 ③ 제2항제1호가목4)에 따른 근로능력평가의 기준, 방법 및 절차 등에 관하여 필요한 사항은 보건복지부장관이 정하여 고시한다. ④ 2종수급권자는 다음 각 호의 어느 하나에 해당하는 사람으로 한다. 　1. 법 제3조제1항제1호 및 제3호부터 제8호까지의 규정에 해당하는 사람 중 제2항제1호에 해당하지 않는 사람 　2. 제2조제2호에 해당하는 사람으로서 보건복지부장관이 2종의료급여가 필요하다고 인정하는 사람

의료급여의 내용	제7조 【의료급여의 내용 등】 ① 이 법에 따른 수급권자의 질병·부상·출산 등에 대한 의료급여의 내용은 다음 각 호와 같다. 1. 진찰·검사 2. 약제(藥劑)·치료재료의 지급 3. 처치·수술과 그 밖의 치료 4. 5. 6. 간호 7. 이송과 그 밖의 의료목적 달성을 위한 조치 ② 제1항에 따른 의료급여의 방법·절차·범위·한도 등 의료급여의 기준에 관하여는 보건복지부령으로 정하고, 의료수가기준과 그 계산방법 등에 관하여는 보건복지부장관이 정한다. ③ 보건복지부장관은 제2항에 따라 의료급여의 기준을 정할 때에는 업무 또는 일상생활에 지장이 없는 질환 등 보건복지부령으로 정하는 사항은 의료급여 대상에서 제외할 수 있다.
급여비용의 부담	제10조 【급여비용의 부담】 급여비용은 대통령령으로 정하는 바에 따라 그 전부 또는 일부를 제25조에 따른 의료급여기금에서 부담하되, 의료급여기금에서 일부를 부담하는 경우 그 나머지 비용은 본인이 부담한다.
급여비용의 청구와 지급	① 의료급여기관은 제10조에 따라 의료급여기금에서 부담하는 급여비용의 지급을 시장·군수·구청장에게 청구할 수 있다. 이 경우 제2항에 따른 심사청구는 시장·군수·구청장에 대한 급여비용의 청구로 본다. ② 제1항에 따라 급여비용을 청구하려는 의료급여기관은 급여비용심사기관에 급여비용의 심사청구를 하여야 하며, 심사청구를 받은 급여비용심사기관은 이를 심사한 후 지체 없이 그 내용을 시장·군수·구청장 및 의료급여기관에 알려야 한다. ③ 제2항에 따라 심사의 내용을 통보받은 시장·군수·구청장은 지체 없이 그 내용에 따라 급여비용을 의료급여기관에 지급하여야 한다. 이 경우 수급권자가 이미 납부한 본인부담금(제10조에 따라 수급권자가 부담하여야 하는 급여비용을 말한다. 이하 같다)이 과다한 경우에는 의료급여기관에 지급할 금액에서 그 과다하게 납부된 금액을 공제하여 수급권자에게 반환하여야 한다. ④ 시장·군수·구청장은 의료급여의 적정성 여부를 평가할 수 있고, 그 평가결과에 따라 급여비용을 가산 또는 감액 조정하여 지급한다. 이 경우 평가결과에 따른 급여비용의 가감지급의 기준은 보건복지부령으로 정한다. 〈개정 2017. 3. 21.〉 ⑤ 시장·군수·구청장은 제4항에 따른 적정성 평가결과를 공개할 수 있다.

정답 ・예방·재활 ・입원

THEME 006 산업안전보건법

1. 총칙

구분	내용
목적	산업 안전 및 보건에 관한 기준을 확립하고 그 책임의 소재를 명확하게 하여 산업재해를 예방하고 쾌적한 작업환경을 조성함으로써 노무를 제공하는 사람의 안전 및 보건을 유지·증진함을 목적으로 한다.
정의	1. "_____"란 노무를 제공하는 사람이 업무에 관계되는 건설물·설비·원재료·가스·증기·분진 등에 의하거나 작업 또는 그 밖의 업무로 인하여 사망 또는 부상하거나 질병에 걸리는 것을 말한다. 2. "_____"란 산업재해 중 사망 등 재해 정도가 심하거나 다수의 재해자가 발생한 경우로서 고용노동부령으로 정하는 재해를 말한다. 3. "근로자"란 「근로기준법」 제2조제1항제1호에 따른 근로자를 말한다. 4. "사업주"란 근로자를 사용하여 사업을 하는 자를 말한다. 5. "근로자대표"란 근로자의 과반수로 조직된 노동조합이 있는 경우에는 그 노동조합을, 근로자의 과반수로 조직된 노동조합이 없는 경우에는 근로자의 과반수를 대표하는 자를 말한다. 6. "도급"이란 명칭에 관계없이 물건의 제조·건설·수리 또는 서비스의 제공, 그 밖의 업무를 타인에게 맡기는 계약을 말한다. 7. "도급인"이란 물건의 제조·건설·수리 또는 서비스의 제공, 그 밖의 업무를 도급하는 사업주를 말한다. 다만, 건설공사발주자는 제외한다. 8. "수급인"이란 도급인으로부터 물건의 제조·건설·수리 또는 서비스의 제공, 그 밖의 업무를 도급받은 사업주를 말한다. 9. "관계수급인"이란 도급이 여러 단계에 걸쳐 체결된 경우에 각 단계별로 도급받은 사업주 전부를 말한다. 10. "건설공사발주자"란 건설공사를 도급하는 자로서 건설공사의 시공을 주도하여 총괄·관리하지 아니하는 자를 말한다. 다만, 도급받은 건설공사를 다시 도급하는 자는 제외한다.

정답 • 산업재해 • 중대재해

	11. "건설공사"란 다음 각 목의 어느 하나에 해당하는 공사를 말한다. 　가. 「건설산업기본법」 제2조제4호에 따른 건설공사 　나. 「전기공사업법」 제2조제1호에 따른 전기공사 　다. 「정보통신공사업법」 제2조제2호에 따른 정보통신공사 　라. 「소방시설공사업법」에 따른 소방시설공사 　마. 「국가유산수리 등에 관한 법률」에 따른 국가유산 수리공사 12. "안전보건진단"이란 산업재해를 예방하기 위하여 잠재적 위험성을 발견하고 그 개선대책을 수립할 목적으로 조사·평가하는 것을 말한다. 13. "　　　　"이란 작업환경 실태를 파악하기 위하여 해당 근로자 또는 작업장에 대하여 사업주가 유해인자에 대한 측정계획을 수립한 후 시료(試料)를 채취하고 분석·평가하는 것을 말한다.
제4조 (정부의 책무)	① 정부는 이 법의 목적을 달성하기 위하여 다음 각 호의 사항을 성실히 이행할 책무를 진다. 　1. 산업 안전 및 보건 정책의 수립 및 집행 　2. 산업재해 예방 지원 및 지도 　3. 「근로기준법」 제76조의2에 따른 직장 내 괴롭힘 예방을 위한 조치기준 마련, 지도 및 지원 　4. 사업주의 자율적인 산업 안전 및 보건 경영체제 확립을 위한 지원 　5. 산업 안전 및 보건에 관한 의식을 북돋우기 위한 홍보·교육 등 안전문화 확산 추진 　6. 산업 안전 및 보건에 관한 기술의 연구·개발 및 시설의 설치·운영 　7. 산업재해에 관한 조사 및 통계의 유지·관리 　8. 산업 안전 및 보건 관련 단체 등에 대한 지원 및 지도·감독 　9. 그 밖에 노무를 제공하는 사람의 안전 및 건강의 보호·증진 ② 정부는 제1항 각 호의 사항을 효율적으로 수행하기 위하여 「한국산업안전보건공단법」에 따른 한국산업안전보건공단(이하 "공단"이라 한다), 그 밖의 관련 단체 및 연구기관에 행정적·재정적 지원을 할 수 있다.
제4조의2 (지방자치단체의 책무)	지방자치단체는 제4조제1항에 따른 정부의 정책에 적극 협조하고, 관할 지역의 산업재해를 예방하기 위한 대책을 수립·시행하여야 한다.

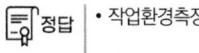 • 작업환경측정

제4조의3 (지방자치단체의 산업재해 예방 활동 등)	① 지방자치단체의 장은 관할 지역 내에서의 산업재해 예방을 위하여 자체 계획의 수립, 교육, 홍보 및 안전한 작업환경 조성을 지원하기 위한 사업장 지도 등 필요한 조치를 할 수 있다. ② 정부는 제1항에 따른 지방자치단체의 산업재해 예방 활동에 필요한 행정적·재정적 지원을 할 수 있다. ③ 제1항에 따른 산업재해 예방 활동에 필요한 사항은 지방자치단체가 조례로 정할 수 있다.
제5조 (사업주 등의 의무)	① 사업주(제77조에 따른 특수형태근로종사자로부터 노무를 제공받는 자와 제78조에 따른 물건의 수거·배달 등을 중개하는 자를 포함한다. 이하 이 조 및 제6조에서 같다)는 다음 각 호의 사항을 이행함으로써 근로자(제77조에 따른 특수형태근로종사자와 제78조에 따른 물건의 수거·배달 등을 하는 사람을 포함한다. 이하 이 조 및 제6조에서 같다)의 안전 및 건강을 유지·증진시키고 국가의 산업재해 예방정책을 따라야 한다. 〈개정 2020. 5. 26.〉 1. 이 법과 이 법에 따른 명령으로 정하는 산업재해 예방을 위한 기준 2. 근로자의 신체적 피로와 정신적 스트레스 등을 줄일 수 있는 쾌적한 작업환경의 조성 및 근로조건 개선 3. 해당 사업장의 안전 및 보건에 관한 정보를 근로자에게 제공 ② 다음 각 호의 어느 하나에 해당하는 자는 발주·설계·제조·수입 또는 건설을 할 때 이 법과 이 법에 따른 명령으로 정하는 기준을 지켜야 하고, 발주·설계·제조·수입 또는 건설에 사용되는 물건으로 인하여 발생하는 산업재해를 방지하기 위하여 필요한 조치를 하여야 한다. 1. 기계·기구와 그 밖의 설비를 설계·제조 또는 수입하는 자 2. 원재료 등을 제조·수입하는 자 3. 건설물을 발주·설계·건설하는 자
제6조 (근로자의 의무)	근로자는 이 법과 이 법에 따른 명령으로 정하는 산업재해 예방을 위한 기준을 지켜야 하며, 사업주 또는 「근로기준법」 제101조에 따른 근로감독관, 공단 등 관계인이 실시하는 산업재해 예방에 관한 조치에 따라야 한다.
제7조 (산업재해 예방에 관한 기본계획의 수립·공표)	① _____은 산업재해 예방에 관한 기본계획을 수립하여야 한다. ② _____은 제1항에 따라 수립한 기본계획을 「산업재해보상보험법」 제8조제1항에 따른 산업재해보상보험및예방심의위원회의 심의를 거쳐 공표하여야 한다. 이를 변경하려는 경우에도 또한 같다.

정답 • 고용노동부장관 • 고용노동부장관

2. 안전관리체제 등

구분	내용

안전보건관리 책임자	① 사업주는 사업장을 실질적으로 총괄하여 관리하는 사람에게 해당 사업장의 다음 각 호의 업무를 총괄하여 관리하도록 하여야 한다.
	  1. 사업장의 산업재해 예방계획의 수립에 관한 사항
	  2. 제25조 및 제26조에 따른 안전보건관리규정의 작성 및 변경에 관한 사항
	  3. 제29조에 따른 안전보건교육에 관한 사항
	  4. 작업환경측정 등 작업환경의 점검 및 개선에 관한 사항
	  5. 제129조부터 제132조까지에 따른 근로자의 건강진단 등 건강관리에 관한 사항
	  6. 산업재해의 원인 조사 및 재발 방지대책 수립에 관한 사항
	  7. 산업재해에 관한 통계의 기록 및 유지에 관한 사항
	  8. 안전장치 및 보호구 구입 시 적격품 여부 확인에 관한 사항
	  9. 그 밖에 근로자의 유해·위험 방지조치에 관한 사항으로서 고용노동부령으로 정하는 사항

시행령 제14조 안전보건관리책임자의 선임 등	① 법 제15조제2항에 따른 안전보건관리책임자를 두어야 하는 사업의 종류 및 사업장의 상시근로자 수(건설공사의 경우에는 건설공사 금액을 말한다. 이하 같다)는 별표 2와 같다. ② 사업주는 안전보건관리책임자가 법 제15조제1항에 따른 업무를 원활하게 수행할 수 있도록 권한·시설·장비·예산, 그 밖에 필요한 지원을 해야 한다. ③ 사업주는 안전보건관리책임자를 선임했을 때에는 그 선임 사실 및 법 제15조제1항 각 호에 따른 업무의 수행내용을 증명할 수 있는 서류를 갖추어 두어야 한다.
보건 관리자	① _____는 사업장에 제15조제1항 각 호의 사항 중 보건에 관한 기술적인 사항에 관하여 사업주 또는 안전보건관리책임자를 보좌하고 관리감독자에게 지도·조언하는 업무를 수행하는 사람(이하 "보건관리자"라 한다)을 두어야 한다. ② 보건관리자를 두어야 하는 사업의 종류와 사업장의 상시근로자 수, 보건관리자의 수·자격·업무·권한·선임방법, 그 밖에 필요한 사항은 대통령령으로 정한다. ③ 대통령령으로 정하는 사업의 종류 및 사업장의 상시근로자 수에 해당하는 사업장의 사업주는 보건관리자에게 그 업무만을 전담하도록 하여야 한다.

정답 • 사업주

④ 고용노동부장관은 산업재해 예방을 위하여 필요한 경우로서 고용노동부령으로 정하는 사유에 해당하는 경우에는 사업주에게 보건관리자를 제2항에 따라 대통령령으로 정하는 수 이상으로 늘리거나 교체할 것을 명할 수 있다.

⑤ 대통령령으로 정하는 사업의 종류 및 사업장의 상시근로자 수에 해당하는 사업장의 사업주는 제21조에 따라 지정받은 보건관리 업무를 전문적으로 수행하는 기관(이하 "보건관리전문기관"이라 한다)에 보건관리자의 업무를 위탁할 수 있다.

***산업안전보건법 시행령 제22조 (보건관리자의 업무 등)**

① 보건관리자의 업무는 다음 각 호와 같다.
1. 산업안전보건위원회 또는 노사협의체에서 심의·의결한 업무와 안전보건관리규정 및 취업규칙에서 정한 업무
2. 안전인증대상기계등과 자율안전확인대상기계등 중 보건과 관련된 보호구(保護具) 구입 시 적격품 선정에 관한 보좌 및 지도·조언
3. 법 제36조에 따른 위험성평가에 관한 보좌 및 지도·조언
4. 법 제110조에 따라 작성된 물질안전보건자료의 게시 또는 비치에 관한 보좌 및 지도·조언
5. 제31조제1항에 따른 산업보건의의 직무(보건관리자가 별표 6 제2호에 해당하는 사람인 경우로 한정한다)
6. 해당 사업장 보건교육계획의 수립 및 보건교육 실시에 관한 보좌 및 지도·조언
7. 해당 사업장의 근로자를 보호하기 위한 다음 각 목의 조치에 해당하는 의료행위(보건관리자가 별표 6 제2호 또는 제3호에 해당하는 경우로 한정한다)
　　가.
　　나.
　　다. 부상·질병의 악화를 방지하기 위한 처치
　　라. 건강진단 결과 발견된 질병자의
　　마. 가목부터 라목까지의 의료행위에 따르는 의약품의 투여
8. 작업장 내에서 사용되는 전체 환기장치 및 국소 배기장치 등에 관한 설비의 점검과 작업방법의 공학적 개선에 관한 보좌 및 지도·조언
9. 사업장 순회점검, 지도 및 조치 건의
10. 산업재해 발생의 원인 조사·분석 및 재발 방지를 위한 기술적 보좌 및 지도·조언
11. 산업재해에 관한 통계의 유지·관리·분석을 위한 보좌 및 지도·조언
12. 법 또는 법에 따른 명령으로 정한 보건에 관한 사항의 이행에 관한 보좌 및 지도·조언
13. 업무 수행 내용의 기록·유지
14. 그 밖에 보건과 관련된 작업관리 및 작업환경관리에 관한 사항으로서 고용노동부장관이 정하는 사항

 정답 • 자주 발생하는 가벼운 부상에 대한 치료　• 응급처치가 필요한 사람에 대한 처치　• 요양 지도 및 관리

	② 보건관리자는 제1항 각 호에 따른 업무를 수행할 때에는 안전관리자와 협력해야 한다. ③ 사업주는 보건관리자가 제1항에 따른 업무를 원활하게 수행할 수 있도록 권한·시설·장비·예산, 그 밖의 업무 수행에 필요한 지원을 해야 한다. 이 경우 보건관리자가 별표 6 제2호 또는 제3호에 해당하는 경우에는 고용노동부령으로 정하는 시설 및 장비를 지원해야 한다. ④ 보건관리자의 배치 및 평가·지도에 관하여는 제18조제2항 및 제3항을 준용한다. 이 경우 "안전관리자"는 "보건관리자"로, "안전관리"는 "보건관리"로 본다.
안전보건관리 담당자	① 사업주는 사업장에 안전 및 보건에 관하여 사업주를 보좌하고 관리감독자에게 지도·조언하는 업무를 수행하는 사람(이하 "안전보건관리담당자"라 한다)을 두어야 한다. 다만, 안전관리자 또는 보건관리자가 있거나 이를 두어야 하는 경우에는 그러하지 아니하다. ② 안전보건관리담당자를 두어야 하는 사업의 종류와 사업장의 상시근로자 수, 안전보건관리담당자의 수·자격·업무·권한·선임방법, 그 밖에 필요한 사항은 대통령령으로 정한다. ③ 고용노동부장관은 산업재해 예방을 위하여 필요한 경우로서 고용노동부령으로 정하는 사유에 해당하는 경우에는 사업주에게 안전보건관리담당자를 제2항에 따라 대통령령으로 정하는 수 이상으로 늘리거나 교체할 것을 명할 수 있다. ④ 대통령령으로 정하는 사업의 종류 및 사업장의 상시근로자 수에 해당하는 사업장의 사업주는 안전관리전문기관 또는 보건관리전문기관에 안전보건관리담당자의 업무를 위탁할 수 있다.

3. 안전보건교육

구분	내용
제29조 (근로자에 대한 안전보건교육)	① 사업주는 소속 근로자에게 고용노동부령으로 정하는 바에 따라 정기적으로 안전보건교육을 하여야 한다. ② 사업주는 근로자를 채용할 때와 작업내용을 변경할 때에는 그 근로자에게 고용노동부령으로 정하는 바에 따라 해당 작업에 필요한 안전보건교육을 하여야 한다. 다만, 제31조제1항에 따른 안전보건교육을 이수한 건설 일용근로자를 채용하는 경우에는 그러하지 아니하다. ③ 사업주는 근로자를 유해하거나 위험한 작업에 채용하거나 그 작업으로 작업내용을 변경할 때에는 제2항에 따른 안전보건교육 외에 고용노동부령으로 정하는 바에 따라 유해하거나 위험한 작업에 필요한 안전보건교육을 추가로 하여야 한다. ④ 사업주는 제1항부터 제3항까지의 규정에 따른 안전보건교육을 제33조에 따라 고용노동부장관에게 등록한 안전보건교육기관에 위탁할 수 있다.

4. 근로자 보건관리

구분	내용
제129조 (일반건강진단)	① 사업주는 상시 사용하는 근로자의 건강관리를 위하여 건강진단(이하 "일반건강진단"이라 한다)을 실시하여야 한다. 다만, 사업주가 고용노동부령으로 정하는 건강진단을 실시한 경우에는 그 건강진단을 받은 근로자에 대하여 일반건강진단을 실시한 것으로 본다. ② 사업주는 제135조제1항에 따른 특수건강진단기관 또는 「건강검진기본법」 제3조제2호에 따른 건강검진기관(이하 "건강진단기관"이라 한다)에서 일반건강진단을 실시하여야 한다. ③ 일반건강진단의 주기·항목·방법 및 비용, 그 밖에 필요한 사항은 고용노동부령으로 정한다.
시행규칙 제197조 일반건강진단의 주기 등	① 사업주는 상시 사용하는 근로자 중 사무직에 종사하는 근로자(공장 또는 공사현장과 같은 구역에 있지 않은 사무실에서 서무·인사·경리·판매·설계 등의 사무업무에 종사하는 근로자를 말하며, 판매업무 등에 직접 종사하는 근로자는 제외한다)에 대해서는 2년에 1회 이상, 그 밖의 근로자에 대해서는 1년에 1회 이상 일반건강진단을 실시해야 한다. ② 법 제129조에 따라 일반건강진단을 실시해야 할 사업주는 일반건강진단 실시 시기를 안전보건관리규정 또는 취업규칙에 규정하는 등 일반건강진단이 정기적으로 실시되도록 노력해야 한다.
시행규칙 제198조 일반건강진단의 검사항목 및 실시방법 등	① 일반건강진단의 제1차 검사항목은 다음 각 호와 같다. 1. 과거병력, 작업경력 및 자각·타각증상(시진·촉진·청진 및 문진) 2. 혈압·혈당·요당·요단백 및 빈혈검사 3. 체중·시력 및 청력 4. 흉부방사선 촬영 5. AST(SGOT) 및 ALT(SGPT), γ-GTP 및 총콜레스테롤

정답 • 유해인자에 노출되는 업무

제130조
(특수건강진단 등)
	① 사업주는 다음 각 호의 어느 하나에 해당하는 근로자의 건강관리를 위하여 건강진단(이하 "특수건강진단"이라 한다)을 실시하여야 한다. 다만, 사업주가 고용노동부령으로 정하는 건강진단을 실시한 경우에는 그 건강진단을 받은 근로자에 대하여 해당 유해인자에 대한 특수건강진단을 실시한 것으로 본다.
	  1. 고용노동부령으로 정하는 _____에 종사하는 근로자
	  2. 제1호, 제3항 및 제131조에 따른 건강진단 실시 결과 직업병 소견이 있는 근로자로 판정받아 작업 전환을 하거나 작업 장소를 변경하여 해당 판정의 원인이 된 특수건강진단대상업무에 종사하지 아니하는 사람으로서 해당 유해인자에 대한 건강진단이 필요하다는 「의료법」 제2조에 따른 의사의 소견이 있는 근로자
	② 사업주는 특수건강진단대상업무에 종사할 근로자의 배치 예정 업무에 대한 적합성 평가를 위하여 건강진단(이하 "배치전건강진단"이라 한다)을 실시하여야 한다. 다만, 고용노동부령으로 정하는 근로자에 대해서는 배치전건강진단을 실시하지 아니할 수 있다.
	③ 사업주는 특수건강진단대상업무에 따른 유해인자로 인한 것이라고 의심되는 건강장해 증상을 보이거나 의학적 소견이 있는 근로자 중 보건관리자 등이 사업주에게 건강진단 실시를 건의하는 등 고용노동부령으로 정하는 근로자에 대하여 건강진단(이하 "수시건강진단"이라 한다)을 실시하여야 한다.
	④ 사업주는 제135조제1항에 따른 특수건강진단기관에서 제1항부터 제3항까지의 규정에 따른 건강진단을 실시하여야 한다.
	⑤ 제1항부터 제3항까지의 규정에 따른 건강진단의 시기·주기·항목·방법 및 비용, 그 밖에 필요한 사항은 고용노동부령으로 정한다.

제131조 (임시건강진단 명령 등)	① 고용노동부장관은 같은 유해인자에 노출되는 근로자들에게 유사한 질병의 증상이 발생한 경우 등 고용노동부령으로 정하는 경우에는 근로자의 건강을 보호하기 위하여 사업주에게 특정 근로자에 대한 건강진단(이하 "임시건강진단"이라 한다)의 실시나 작업전환, 그 밖에 필요한 조치를 명할 수 있다. ② 임시건강진단의 항목, 그 밖에 필요한 사항은 고용노동부령으로 정한다.

5. 산업재해보상보험 개요

구분	내용
목적	이 법은 산업재해보상보험 사업을 시행하여 근로자의 업무상의 재해를 신속하고 공정하게 보상하며, 재해근로자의 재활 및 사회 복귀를 촉진하기 위하여 이에 필요한 보험시설을 설치·운영하고, 재해 예방과 그 밖에 근로자의 복지 증진을 위한 사업을 시행하여 근로자 보호에 이바지하는 것을 목적으로 한다.
정의	1. "□□□□□□"란 업무상의 사유에 따른 근로자의 부상·질병·장해 또는 사망을 말한다. 2. "근로자"·"임금"·"평균임금"·"통상임금"이란 각각 「근로기준법」에 따른 "근로자"·"임금"·"평균임금"·"통상임금"을 말한다. 다만, 「근로기준법」에 따라 "임금" 또는 "평균임금"을 결정하기 어렵다고 인정되면 고용노동부장관이 정하여 고시하는 금액을 해당 "임금" 또는 "평균임금"으로 한다. 3. "유족"이란 사망한 사람의 배우자(사실상 혼인 관계에 있는 사람을 포함한다. 이하 같다)·자녀·부모·손자녀·조부모 또는 형제자매를 말한다. 4. "치유"란 부상 또는 질병이 완치되거나 치료의 효과를 더 이상 기대할 수 없고 그 증상이 고정된 상태에 이르게 된 것을 말한다. 5. "장해"란 부상 또는 질병이 치유되었으나 정신적 또는 육체적 훼손으로 인하여 노동능력이 상실되거나 감소된 상태를 말한다. 6. "중증요양상태"란 업무상의 부상 또는 질병에 따른 정신적 또는 육체적 훼손으로 노동능력이 상실되거나 감소된 상태로서 그 부상 또는 질병이 치유되지 아니한 상태를 말한다. 7. "진폐"(塵肺)란 분진을 흡입하여 폐에 생기는 □□□□□□□□□ 변화를 주된 증상으로 하는 질병을 말한다. 8. "출퇴근"이란 취업과 관련하여 주거와 취업장소 사이의 이동 또는 한 취업장소에서 다른 취업장소로의 이동을 말한다.
산업재해근로자의 날	제9조의2 【산업재해근로자의 날】 ① 산업재해에 대한 국민의 이해를 증진시키고 산업재해근로자의 권익 향상을 도모하기 위하여 매년 4월 28일을 산업재해근로자의 날로 하며, 산업재해근로자의 날부터 1주간을 산업재해근로자 추모 주간으로 한다. ② 고용노동부장관은 산업재해근로자의 날의 취지에 적합한 행사, 산업재해예방교육, 산업재해근로자 지원 등의 사업을 실시하도록 노력하여야 한다.
근로복지공단	10조 【근로복지공단의 설립】 고용노동부장관의 위탁을 받아 제1조의 목적을 달성하기 위한 사업을 효율적으로 수행하기 위하여 근로복지공단(이하 "공단"이라 한다)을 설립한다.

정답 • 업무상의 재해 • 섬유증식성(纖維增殖性)

구분	내용
근로복지공단 사업	1. 보험가입자와 수급권자에 관한 기록의 관리·유지 2. 보험료징수법에 따른 보험료와 그 밖의 징수금의 징수 3. 보험급여의 결정과 지급 4. 보험급여 결정 등에 관한 심사 청구의 심리·결정 5. 산업재해보상보험 시설의 설치·운영 5의2. 업무상 재해를 입은 근로자 등의 진료·요양 및 재활 5의3. 재활보조기구의 연구개발·검정 및 보급 5의4. 보험급여 결정 및 지급을 위한 업무상 질병 관련 연구 5의5. 근로자 등의 건강을 유지·증진하기 위하여 필요한 건강진단 등 예방 사업 6. 근로자의 복지 증진을 위한 사업 7. 그 밖에 정부로부터 위탁받은 사업

6. 산업재해보험 급여

구분	내용
제36조 (보험급여의 종류와 산정 기준 등)	① 보험급여의 종류는 다음 각 호와 같다. 다만, 진폐에 따른 보험급여의 종류는 제1호의 요양급여, 제4호의 간병급여, 제7호의 장례비, 제8호의 직업재활급여, 제91조의3에 따른 진폐보상연금 및 제91조의4에 따른 진폐유족연금으로 하고, 제91조의12에 따른 건강손상자녀에 대한 보험급여의 종류는 제1호의 요양급여, 제3호의 장해급여, 제4호의 간병급여, 제7호의 장례비, 제8호의 직업재활급여로 한다. 〈개정 2010. 5. 20., 2021. 1. 26., 2022. 1. 11.〉 1. 요양급여 2. 휴업급여 3. 장해급여 4. 간병급여 5. 유족급여

6. 상병(傷病)보상연금
7. 장례비
8. 직업재활급여

③ 보험급여를 산정하는 경우 해당 근로자의 평균임금을 산정하여야 할 사유가 발생한 날부터 1년이 지난 이후에는 매년 전체 근로자의 임금 평균액의 증감률에 따라 평균임금을 증감하되, 그 근로자의 연령이 60세에 도달한 이후에는 소비자물가변동률에 따라 평균임금을 증감한다. 다만, 제6항에 따라 산정한 금액을 평균임금으로 보는 진폐에 걸린 근로자에 대한 보험급여는 제외한다. 〈개정 2010. 5. 20.〉

④ 제3항에 따른 전체 근로자의 임금 평균액의 증감률 및 소비자물가변동률의 산정 기준과 방법은 대통령령으로 정한다. 이 경우 산정된 증감률 및 변동률은 매년 고용노동부장관이 고시한다. 〈개정 2010. 6. 4.〉

⑤ 보험급여(진폐보상연금 및 진폐유족연금은 제외한다)를 산정할 때 해당 근로자의 근로 형태가 특이하여 평균임금을 적용하는 것이 적당하지 아니하다고 인정되는 경우로서 대통령령으로 정하는 경우에는 대통령령으로 정하는 산정 방법에 따라 산정한 금액을 평균임금으로 한다. 〈개정 2010. 5. 20.〉

⑥ 보험급여를 산정할 때 진폐 등 대통령령으로 정하는 직업병으로 보험급여를 받게 되는 근로자에게 그 평균임금을 적용하는 것이 근로자의 보호에 적당하지 아니하다고 인정되면 대통령령으로 정하는 산정 방법에 따라 산정한 금액을 그 근로자의 평균임금으로 한다. 〈개정 2010. 5. 20.〉

⑦ 보험급여(장례비는 제외한다)를 산정할 때 그 근로자의 평균임금 또는 제3항부터 제6항까지의 규정에 따라 보험급여의 산정 기준이 되는 평균임금이 「고용정책 기본법」 제17조의 고용구조 및 인력수요 등에 관한 통계에 따른 상용근로자 5명 이상 사업체의 전체 근로자의 임금 평균액의 1.8배(이하 "최고 보상기준 금액"이라 한다)를 초과하거나, 2분의 1(이하 "최저 보상기준 금액"이라 한다)보다 적으면 그 최고 보상기준 금액이나 최저 보상기준 금액을 각각 그 근로자의 평균임금으로 하되, 최저 보상기준 금액이 「최저임금법」 제5조제1항에 따른 시간급 최저임금액에 8을 곱한 금액(이하 "최저임금액"이라 한다)보다 적으면 그 최저임금액을 최저 보상기준 금액으로 한다. 다만, 휴업급여 및 상병보상연금을 산정할 때에는 최저 보상기준 금액을 적용하지 아니한다. 〈개정 2018. 6. 12., 2021. 1. 26.〉

⑧ 최고 보상기준 금액이나 최저 보상기준 금액의 산정방법 및 적용기간은 대통령령으로 정한다. 이 경우 산정된 최고 보상기준 금액 또는 최저 보상기준 금액은 매년 고용노동부장관이 고시한다. 〈개정 2010. 6. 4.〉

요양급여	① 요양급여는 근로자가 업무상의 사유로 부상을 당하거나 질병에 걸린 경우에 그 근로자에게 지급한다.
	② 제1항에 따른 요양급여는 제43조제1항에 따른 산재보험 의료기관에서 요양을 하게 한다. 다만, 부득이한 경우에는 요양을 갈음하여 요양비를 지급할 수 있다.
	③ 제1항의 경우에 부상 또는 질병이 _____3일 이내의 요양_____ 으로 치유될 수 있으면 요양급여를 지급하지 아니한다.
	④ 제1항의 요양급여의 범위는 다음 각 호와 같다.
	  1. 진찰 및 검사
	  2. 약제 또는 진료재료와 의지(義肢) 그 밖의 보조기의 지급
	  3. 처치, 수술, 그 밖의 치료
	  4. 재활치료
	  5. 입원
	  6. 간호 및 간병
	  7. 이송
	  8. 그 밖에 고용노동부령으로 정하는 사항

휴업급여	제52조【휴업급여】 휴업급여는 업무상 사유로 부상을 당하거나 질병에 걸린 근로자에게 요양으로 취업하지 못한 기간에 대하여 지급하되, 1일당 지급액은 평균임금의 _____100분의 70_____ 에 상당하는 금액으로 한다. 다만, 취업하지 못한 기간이 _____3일 이내_____ 이면 지급하지 아니한다.
부분휴업급여	① 요양 또는 재요양을 받고 있는 근로자가 그 요양기간 중 일정기간 또는 단시간 취업을 하는 경우에는 그 취업한 날에 해당하는 그 근로자의 평균임금에서 그 취업한 날에 대한 임금을 뺀 금액의 100분의 80 에 상당하는 금액을 지급할 수 있다. 다만, 제54조제2항 및 제56조제2항에 따라 최저임금액을 1일당 휴업급여 지급액으로 하는 경우에는 최저임금액(별표 1 제2호에 따라 감액하는 경우에는 그 감액한 금액)에서 취업한 날에 대한 임금을 뺀 금액을 지급할 수 있다

정답 • 3일 이내의 요양 • 처치 • 간병 • 100분의 70 • 3일 이내 • 부분휴업급여 • 80

장해급여	① 장해급여는 근로자가 업무상의 사유로 부상을 당하거나 질병에 걸려 치유된 후 신체 등에 장해가 있는 경우에 그 근로자에게 지급한다. ② 장해급여는 장해등급에 따라 별표 2에 따른 장해보상연금 또는 장해보상일시금으로 하되, 그 장해등급의 기준은 대통령령으로 정한다. ③ 제2항에 따른 장해보상연금 또는 장해보상일시금은 수급권자의 선택에 따라 지급한다. 다만, 대통령령으로 정하는 노동력을 완전히 상실한 장해등급의 근로자에게는 장해보상연금을 지급하고, 장해급여 청구사유 발생 당시 대한민국 국민이 아닌 사람으로서 외국에서 거주하고 있는 근로자에게는 장해보상일시금을 지급한다. 〈개정 2020. 5. 26.〉 ④ 장해보상연금은 수급권자가 신청하면 그 연금의 최초 1년분 또는 2년분(제3항 단서에 따른 근로자에게는 그 연금의 최초 1년분부터 4년분까지)의 2분의 1에 상당하는 금액을 미리 지급할 수 있다. 이 경우 미리 지급하는 금액에 대하여는 100분의 5의 비율 범위에서 대통령령으로 정하는 바에 따라 이자를 공제할 수 있다.
간병급여	① 간병급여는 제40조에 따른 요양급여를 받은 사람 중 치유 후 의학적으로 상시 또는 수시로 간병이 필요하여 실제로 간병을 받는 사람에게 지급한다. 〈개정 2020. 5. 26.〉 ② 제1항에 따른 간병급여의 지급 기준과 지급 방법 등에 관하여 필요한 사항은 대통령령으로 정한다.
유족급여	① 유족급여는 근로자가 업무상의 사유로 사망한 경우에 유족에게 지급한다. ② 유족급여는 별표 3에 따른 유족보상연금이나 유족보상일시금으로 하되, 유족보상일시금은 근로자가 사망할 당시 제63조제1항에 따른 유족보상연금을 받을 수 있는 자격이 있는 사람이 없는 경우에 지급한다. ③ 제2항에 따른 유족보상연금을 받을 수 있는 자격이 있는 사람이 원하면 별표 3의 유족보상일시금의 100분의 50에 상당하는 금액을 일시금으로 지급하고 유족보상연금은 100분의 50을 감액하여 지급한다. ④ 유족보상연금을 받던 사람이 그 수급자격을 잃은 경우 다른 수급자격자가 없고 이미 지급한 연금액을 지급 당시의 각각의 평균임금으로 나누어 산정한 일수의 합계가 1,300일에 못 미치면 그 못 미치는 일수에 수급자격 상실 당시의 평균임금을 곱하여 산정한 금액을 수급자격 상실 당시의 유족에게 일시금으로 지급한다.
상병보상연금	① 요양급여를 받는 근로자가 요양을 시작한 지 2년이 지난 날 이후에 다음 각 호의 요건 모두에 해당하는 상태가 계속되면 휴업급여 대신 상병보상연금을 그 근로자에게 지급한다. 1. 그 부상이나 질병이 치유되지 아니한 상태일 것 2. 그 부상이나 질병에 따른 중증요양상태의 정도가 대통령령으로 정하는 중증요양상태등급 기준에 해당할 것 3. 요양으로 인하여 취업하지 못하였을 것

장례비	① 장례비는 근로자가 업무상의 사유로 사망한 경우에 지급하되, 평균임금의 120일분에 상당하는 금액을 그 장례를 지낸 유족에게 지급한다. 다만, 장례를 지낼 유족이 없거나 그 밖에 부득이한 사유로 유족이 아닌 사람이 장례를 지낸 경우에는 평균임금의 120일분에 상당하는 금액의 범위에서 실제 드는 비용을 그 장례를 지낸 사람에게 지급한다. ② 제1항에 따른 장례비가 대통령령으로 정하는 바에 따라 고용노동부장관이 고시하는 최고 금액을 초과하거나 최저 금액에 미달하면 그 최고 금액 또는 최저 금액을 각각 장례비로 한다. ③ 제1항에도 불구하고 대통령령으로 정하는 바에 따라 근로자가 업무상의 사유로 사망하였다고 추정되는 경우에는 장례를 지내기 전이라도 유족의 청구에 따라 제2항에 따른 최저 금액을 장례비로 미리 지급할 수 있다. 이 경우 장례비를 청구할 수 있는 유족의 순위에 관하여는 제65조를 준용한다. ④ 제3항에 따라 장례비를 지급한 경우 제1항 및 제2항에 따른 장례비는 제3항에 따라 지급한 금액을 공제한 나머지 금액으로 한다.
직업 재활급여	1. 장해급여 또는 진폐보상연금을 받은 사람이나 장해급여를 받을 것이 명백한 사람으로서 대통령령으로 정하는 사람(이하 "장해급여자"라 한다) 중 취업을 위하여 직업훈련이 필요한 사람(이하 "훈련대상자"라 한다)에 대하여 실시하는 직업훈련에 드는 비용 및 직업훈련수당 2. 업무상의 재해가 발생할 당시의 사업에 복귀한 장해급여자에 대하여 사업주가 고용을 유지하거나 직장적응훈련 또는 재활운동을 실시하는 경우(직장적응훈련의 경우에는 직장 복귀 전에 실시한 경우도 포함한다)에 각각 지급하는 직장복귀지원금, 직장적응훈련비 및 재활운동비

THEME 007 정신건강복지법

1. 총칙

구분	내용
목적	이 법은 <u>정신질환의 예방·치료, 정신질환자의 재활·복지·권리보장과 정신건강 친화적인 환경 조성</u>에 필요한 사항을 규정함으로써 국민의 정신건강증진 및 정신질환자의 인간다운 삶을 영위하는 데 이바지함을 목적으로 한다.
제2조 (기본이념)	① 모든 국민은 정신질환으로부터 보호받을 권리를 가진다. ② 모든 정신질환자는 인간으로서의 존엄과 가치를 보장받고, 최적의 치료를 받을 권리를 가진다. ③ 모든 정신질환자는 정신질환이 있다는 이유로 부당한 차별대우를 받지 아니한다. ④ 미성년자인 정신질환자는 특별히 치료, 보호 및 교육을 받을 권리를 가진다. ⑤ 정신질환자에 대해서는 입원 또는 입소(이하 "입원등"이라 한다)가 최소화되도록 지역 사회 중심의 치료가 우선적으로 고려되어야 하며, 정신건강증진시설에 자신의 의지에 따른 입원 또는 입소(이하 "_____등"이라 한다)가 권장되어야 한다. ⑥ 정신건강증진시설에 입원등을 하고 있는 모든 사람은 가능한 한 자유로운 환경을 누릴 권리와 다른 사람들과 자유로이 의견교환을 할 수 있는 권리를 가진다. ⑦ 정신질환자는 원칙적으로 자신의 신체와 재산에 관한 사항에 대하여 _____ 권리를 가진다. 특히 주거지, 의료행위에 대한 동의나 거부, 타인과의 교류, 복지서비스의 이용 여부와 복지서비스 종류의 선택 등을 스스로 결정할 수 있도록 자기결정권을 존중받는다. ⑧ 정신질환자는 자신에게 법률적·사실적 영향을 미치는 사안에 대하여 스스로 이해하여 자신의 자유로운 의사를 표현할 수 있도록 필요한 도움을 받을 권리를 가진다. ⑨ 정신질환자는 자신과 관련된 정책의 결정과정에 참여할 권리를 가진다.

 정답 • 자의입원 • 스스로 판단하고 결정할

정의	1. "_____"란 망상, 환각, 사고(思考)나 기분의 장애 등으로 인하여 독립적으로 일상생활을 영위하는 데 중대한 제약이 있는 사람을 말한다.
	2. "정신건강증진사업"이란 정신건강 관련 교육·상담, 정신질환의 예방·치료, 정신질환자의 재활, 정신건강에 영향을 미치는 사회복지·교육·주거·근로 환경의 개선 등을 통하여 국민의 정신건강을 증진시키는 사업을 말한다.
	3. "정신건강복지센터"란 정신건강증진시설, 「사회복지사업법」에 따른 사회복지시설(이하 "사회복지시설"이라 한다), 학교 및 사업장과 연계체계를 구축하여 지역사회에서의 정신건강증진사업 및 제33조부터 제38조까지의 규정에 따른 정신질환자 복지서비스 지원사업(이하 "정신건강증진사업등"이라 한다)을 하는 다음 각 목의 기관 또는 단체를 말한다.
	   가. 제15조제1항부터 제3항까지의 규정에 따라 국가 또는 지방자치단체가 설치·운영하는 기관
	   나. 제15조제6항에 따라 국가 또는 지방자치단체로부터 위탁받아 정신건강증진사업등을 수행하는 기관 또는 단체
	4. "정신건강증진시설"이란 _____을 말한다.
	5. "정신의료기관"이란 다음 각 목의 어느 하나에 해당하는 기관을 말한다.
	   가. 「의료법」에 따른 정신병원
	   나. 「의료법」에 따른 의료기관 중 제19조제1항 후단에 따른 기준에 적합하게 설치된 의원
	   다. 「의료법」에 따른 병원급 의료기관에 설치된 정신건강의학과로서 제19조제1항 후단에 따른 기준에 적합한 기관
	6. "정신요양시설"이란 제22조에 따라 설치된 시설로서 정신질환자를 입소시켜 요양 서비스를 제공하는 시설을 말한다.
	7. "정신재활시설"이란 제26조에 따라 설치된 시설로서 정신질환자 또는 정신건강상 문제가 있는 사람 중 대통령령으로 정하는 사람(이하 "정신질환자등"이라 한다)의 사회적응을 위한 각종 훈련과 생활지도를 하는 시설을 말한다.
	8. "동료지원인"이란 정신질환자등에 대한 상담 및 교육 등의 역할을 수행할 수 있도록 정신질환자이거나 정신질환자이었던 사람 중 보건복지부령으로 정하는 동료지원인 양성과정을 수료한 사람을 말한다.

정답 • 정신질환자 • 정신의료기관, 정신요양시설 및 정신재활시설

2. 정신건강증진 정책의 추진 등

구분	내용

제13조
(학교 등에서의
정신건강증진
사업 실시)
	① 다음 각 호에 해당하는 기관·단체·학교의 장 및 사업장의 사용자는 구성원의 정신건강에 관한 교육·상담과 정신질환 치료와의 연계 등의 정신건강증진사업을 실시하도록 노력하여야 한다.
	  1. 국가 및 지방자치단체의 기관 중 업무의 성질상 정신건강을 해칠 가능성이 높아 정신건강증진사업을 실시할 필요가 있는 기관으로서 대통령령으로 정하는 기관
	  2. 「초·중등교육법」 및 「고등교육법」에 따른 학교 중 대통령령으로 정하는 학교
	  3. 「근로기준법」에 따른 근로자 300명 이상을 사용하는 사업장
	  4. 그 밖에 업무의 성질이나 근무자 수 등을 고려하여 정신건강증진사업을 실시할 필요가 있는 기관·단체로서 대통령령으로 정하는 기관·단체
	② 보건복지부장관은 제1항에 따른 정신건강증진사업의 효율적인 시행을 위하여 그 구체적 내용 및 방법 등에 관한 지침 시행, 정보 제공, 그 밖의 필요한 사항의 권고를 할 수 있다.
	③ 보건복지부장관은 제1항 각 호의 기관·단체·학교 및 사업장 중 구성원의 정신건강 증진을 위하여 적극적으로 노력한 기관 등을 선정·공표할 수 있으며, 해당 기관·단체·학교 및 사업장에 대하여 지원을 할 수 있다.

제14조 (정신건강의 날)	① 정신건강의 중요성을 환기하고 정신질환에 대한 편견을 해소하기 위하여 매년 10월 10일을 정신건강의 날로 하고, 정신건강의 날이 포함된 주(週)를 정신건강주간으로 한다. ② 국가와 지방자치단체는 정신건강의 날 취지에 적합한 행사와 교육·홍보사업을 실시할 수 있다. ③ 제2항에 따른 정신건강의 날 행사 등에 관하여 필요한 사항은 보건복지부령으로 정한다.
제15조 (정신건강복지 센터의 설치 및 운영)	① 보건복지부장관은 필요한 지역에서의 제12조제1항에 따른 소관 정신건강증진사업등의 제공 및 연계 사업을 전문적으로 수행하게 하기 위하여 정신건강복지센터를 설치·운영할 수 있다. ② 시·도지사는 관할 구역에서의 제12조제2항에 따른 소관 정신건강증진사업등의 제공 및 연계 사업을 전문적으로 수행하게 하기 위하여 광역정신건강복지센터를 설치·운영할 수 있다. ③ 시장·군수·구청장은 관할 구역에서의 제12조제3항에 따른 소관 정신건강증진사업등의 제공 및 연계 사업을 전문적으로 수행하게 하기 위하여 「지역보건법」에 따른 보건소(이하 "보건소"라 한다)에 기초정신건강복지센터를 설치·운영할 수 있다.

	④ 정신건강복지센터의 장은 정신건강증진사업등의 제공 및 연계사업을 수행하기 위하여 정신질환자를 관리하는 경우에 정신질환자 본인이나 제39조에 따른 보호의무자(이하 "보호의무자"라 한다)의 동의를 받아야 한다. ⑤ 보건복지부장관은 제2항 및 제3항에 따른 정신건강복지센터의 설치·운영에 필요한 비용의 일부를 부담한다. ⑥ 보건복지부장관은 대통령령으로 정하는 바에 따라, 시·도지사 및 시장·군수·구청장은 조례나 규칙으로 정하는 바에 따라 소관 정신건강증진사업등을 정신건강에 관한 전문성이 있는 기관·단체에 위탁하여 수행할 수 있다. ⑦ 시·도지사는 소관 광역정신건강복지센터의 운영 현황 및 정신건강증진사업등의 추진 내용을, 시장·군수·구청장은 관할 시·도지사를 통하여 소관 기초정신건강복지센터의 운영 현황 및 정신건강증진사업등의 추진 내용을 각각 반기별로 보건복지부장관에게 통보하여야 한다. 〈개정 2024. 9. 20.〉 ⑧ 보건복지부장관, 시·도지사 및 시장·군수·구청장은 수시로 신고를 받을 수 있는 정신건강상담용 긴급전화를 설치·운영하여야 한다. 〈신설 2019. 4. 23.〉 ⑨ 제1항부터 제7항까지에서 규정한 사항 외에 정신건강복지센터의 설치·운영에 필요한 사항 및 제8항에 따른 긴급전화의 설치·운영에 필요한 사항은 대통령령으로 정한다.

제15조의2
(국가트라우마
센터의
설치·운영)
	① 보건복지부장관은 다음 각 호의 어느 하나에 해당하는 사람의 심리적 안정과 사회 적응을 지원(이하 이 조에서 "심리지원"이라 한다)하기 위하여 국가트라우마센터를 설치·운영할 수 있다.
	  1. 재난이나 그 밖의 사고로 정신적 피해를 입은 사람과 그 가족
	  2. 재난이나 사고 상황에서 구조, 복구, 치료 등 현장대응업무에 참여한 사람으로서 정신적 피해를 입은 사람
	② 국가트라우마센터는 다음 각 호의 업무를 수행한다.
	  1. 심리지원을 위한 지침의 개발·보급
	  2. 제1항 각 호의 어느 하나에 해당하는 사람에 대한 심리평가, 심리상담, 심리치료
	  3. 트라우마에 관한 조사·연구
	  4. 심리지원 관련 기관 간 협력체계의 구축
	  5. 그 밖에 심리지원을 위하여 보건복지부장관이 정하는 업무
	③ 보건복지부장관은 국가트라우마센터의 업무를 지원하기 위하여 권역별 트라우마센터를 설치·지정 및 운영할 수 있다. 〈신설 2020. 12. 29.〉
	④ 보건복지부장관은 대통령령으로 정하는 바에 따라 국가트라우마센터 및 권역별 트라우마센터의 설치·지정 및 운영을 그 업무에 필요한 전문인력과 시설을 갖춘 기관에 위임 또는 위탁할 수 있다.
	⑤ 제1항부터 제4항까지에서 규정한 사항 외에 국가트라우마센터 및 권역별 트라우마센터의 설치·지정 및 운영에 필요한 사항은 대통령령으로 정한다.

제15조의3
(중독관리통합
지원센터의
설치 및 운영)
	① 보건복지부장관 또는 지방자치단체의 장은 알코올, 마약, 도박, 인터넷 등의 중독 문제와 관련한 종합적인 지원사업을 수행하기 위하여 중독관리통합지원센터를 설치·운영할 수 있다.
	② 제1항에 따른 중독관리통합지원센터는 다음 사업을 수행한다.
	  1. 지역사회 내 중독자의 조기발견 체계 구축
	  2. 중독자 대상 상담, 치료, 재활 및 사회복귀 지원사업
	  3. 중독폐해 예방 및 교육사업
	  4. 중독자 가족에 대한 지원사업
	  5. 그 밖에 중독 문제의 해소를 위하여 필요한 사업
	③ 보건복지부장관은 제1항에 따른 지방자치단체의 중독관리통합지원센터 설치·운영에 필요한 비용의 전부 또는 일부를 부담할 수 있다.
	④ 보건복지부장관 또는 지방자치단체의 장은 중독관리통합지원센터의 설치·운영을 그 업무에 관한 전문성이 있는 기관·단체에 위탁할 수 있다.
	⑤ 중독관리통합지원센터의 설치·운영 및 위탁 등에 필요한 사항은 보건복지부령으로 정한다.

제17조 (정신건강전문 요원의 자격 등)	① 보건복지부장관은 정신건강 분야에 관한 전문지식과 기술을 갖추고 보건복지부령으로 정하는 수련기관에서 수련을 받은 사람에게 정신건강전문요원의 자격을 줄 수 있다. ② 제1항에 따른 정신건강전문요원(이하 "정신건강전문요원"이라 한다)은 그 전문분야에 따라 정신건강임상심리사, 정신건강간호사, 정신건강사회복지사 및 정신건강_____로 구분한다.

정답 • 작업치료사

THEME 008 노인장기요양보험법

1. 노인복지법

구분	내용
목적	이 법은 노인의 질환을 사전예방 또는 조기발견하고 질환상태에 따른 적절한 치료·요양으로 심신의 건강을 유지하고, 노후의 생활안정을 위하여 필요한 조치를 강구함으로써 노인의 보건복지증진에 기여함을 목적으로 한다.

정의	1. "부양의무자"라 함은 배우자(사실상의 혼인관계에 있는 자를 포함한다)와 직계비속 및 그 배우자(사실상의 혼인관계에 있는 자를 포함한다)를 말한다.
	2. "보호자"라 함은 부양의무자 또는 업무·고용 등의 관계로 사실상 노인을 보호하는 자를 말한다.
	3. "치매"란 「치매관리법」 제2조제1호에 따른 치매를 말한다.
	4. "_____"라 함은 노인에 대하여 신체적·정신적·정서적·성적 폭력 및 경제적 착취 또는 가혹행위를 하거나 유기 또는 방임을 하는 것을 말한다.
	5. "노인학대관련범죄"란 보호자에 의한 65세 이상 노인에 대한 노인학대로서 다음 각 목의 어느 하나에 해당되는 죄를 말한다.
	  가. 「형법」 제2편제25장 상해와 폭행의 죄 중 제257조(상해, 존속상해), 제258조(중상해, 존속중상해), 제260조(폭행, 존속폭행)제1항·제2항, 제261조(특수폭행) 및 제264조(상습범)의 죄
	  나. 「형법」 제2편제28장 유기와 학대의 죄 중 제271조(유기, 존속유기)제1항·제2항, 제273조(학대, 존속학대)의 죄
	  다. 「형법」 제2편제29장 체포와 감금의 죄 중 제276조(체포, 감금, 존속체포, 존속감금), 제277조(중체포, 중감금, 존속중체포, 존속중감금), 제278조(특수체포, 특수감금), 제279조(상습범), 제280조(미수범) 및 제281조(체포·감금등의 치사상)(상해에 이르게 한 때에만 해당한다)의 죄
	  라. 「형법」 제2편제30장 협박의 죄 중 제283조(협박, 존속협박)제1항·제2항, 제284조(특수협박), 제285조(상습범)(제283조의 죄에만 해당한다) 및 제286조(미수범)의 죄

 정답 • 노인학대

정의	마. 「형법」 제2편제32장 강간과 추행의 죄 중 제297조(강간), 제297조의2(유사강간), 제298조(강제추행), 제299조(준강간, 준강제추행), 제300조(미수범), 제301조(강간등 상해·치상), 제301조의2(강간등 살인·치사), 제305조의2(상습범)(제297조, 제297조의2, 제298조부터 제300조까지의 죄에 한정한다)의 죄 바. 「형법」 제2편제33장 명예에 관한 죄 중 제307조(명예훼손), 제309조(출판물등에 의한 명예훼손) 및 제311조(모욕)의 죄 사. 「형법」 제2편제36장 주거침입의 죄 중 제321조(주거·신체 수색)의 죄 아. 「형법」 제2편제37장 권리행사를 방해하는 죄 중 제324조(강요) 및 제324조의5(미수범)(제324조의 죄에만 해당한다)의 죄 자. 「형법」 제2편제39장 사기와 공갈의 죄 중 제350조(공갈) 및 제352조(미수범)(제350조의 죄에만 해당한다)의 죄 차. 「형법」 제2편제42장 손괴의 죄 중 제366조(재물손괴등)의 죄 카. 제55조의2, 제55조의3제1항제2호, 제55조의4제1호, 제59조의2의 죄 타. 가목부터 차목까지의 죄로서 다른 법률에 따라 가중처벌되는 죄 *치매관리법 제2조【정의】이 법에서 사용하는 용어의 뜻은 다음과 같다. 1. "치매"란 ▨▨▨▨▨▨▨▨▨▨ 등으로 인하여 기억력, 언어능력, 지남력(指南力), 판단력 및 수행능력 등의 기능이 저하됨으로써 일상생활에서 지장을 초래하는 <u>후천적인 다발성 장애</u>를 말한다. 2. "치매환자"란 치매로 인한 임상적 특징이 나타나는 사람으로서 의사 또는 한의사로부터 치매로 진단받은 사람을 말한다. 3. "▨▨▨▨▨"란 기억력, 언어능력, 지남력, 판단력 및 수행능력 등의 기능이 객관적인 검사에서 확인될 정도로 저하되어 있으나 일상생활을 수행하는 능력은 보존되어 있어 치매가 아닌 상태를 말한다. 4. "치매관리"란 치매의 예방과 치매환자에 대한 보호·지원 및 치매에 관한 조사·연구 등을 말한다. 5. "치매관리 전달체계"란 국가 또는 지방자치단체가 치매관리에 관한 사업을 시행하고 지원하기 위하여 구축하는 치매관리사업수행기관 간의 역할 수행 체계를 말한다.
제4조 (보건복지증진의 책임)	① 국가와 지방자치단체는 노인의 보건 및 복지증진의 책임이 있으며, 이를 위한 시책을 강구하여 추진하여야 한다. ② 국가와 지방자치단체는 제1항의 규정에 의한 시책을 강구함에 있어 제2조에 규정된 기본이념이 구현되도록 노력하여야 한다. ③ 노인의 일상생활에 관련되는 사업을 경영하는 자는 그 사업을 경영함에 있어 노인의 보건복지가 증진되도록 노력하여야 한다.

 정답 ・퇴행성 뇌질환 또는 뇌혈관계 질환 ・경도인지장애

제4조의2 (안전사고 예방)	① 국가와 지방자치단체는 노인의 안전을 보장하고 낙상사고 등 노인에게 치명적인 사고를 예방하기 위하여 필요한 시책을 수립·시행하여야 한다. 이 경우 안전사고 예방 시책은 「재난 및 안전관리 기본법」에 따른 국가안전관리기본계획, 시·도안전관리계획 및 시·군·구안전관리계획과 연계되어야 한다. ② 제1항에 따른 안전사고 예방 시책의 수립·시행에 필요한 사항은 대통령령으로 정한다.
제27조 (건강진단 등)	① 국가 또는 지방자치단체는 대통령령이 정하는 바에 의하여 　　　 이상의 자에 대하여 건강진단과 보건교육을 실시할 수 있다. 이 경우 보건복지부령으로 정하는 바에 따라 성별 다빈도질환 등을 반영하여야 한다. ② 국가 또는 지방자치단체는 제1항의 규정에 의한 건강진단 결과 필요하다고 인정한 때에는 그 건강진단을 받은 자에 대하여 필요한 지도를 하여야 한다.
제27조의4 (노인성 질환에 대한 의료지원)	① 　　　 는 노인성 질환자의 경제적 부담능력 등을 고려하여 노인성 질환의 예방교육, 조기발견 및 치료 등에 필요한 비용의 전부 또는 일부를 지원할 수 있다. ② 제1항에 따른 노인성 질환의 범위, 지원의 대상·기준 및 방법 등에 필요한 사항은 대통령령으로 정한다.
*노인복지법 시행령	제20조의2【노인성 질환의 범위, 의료지원의 대상·기준 및 방법 등】 ① 법 제27조의4제1항에 따른 노인성 질환의 범위는 다음 각 호와 같다. 　1. 　　 질환 　2. 　　　 증 　3. 　　　 질환

정답 • 65세 • 국가 또는 지방자치단체 • 안 • 무릎관절 • 전립선

2. 노인장기요양보험법 개요

구분	내용
목적	이 법은 고령이나 노인성 질병 등의 사유로 일상생활을 혼자서 수행하기 어려운 노인등에게 제공하는 신체활동 또는 가사활동 지원 등의 장기요양급여에 관한 사항을 규정하여 노후의 건강증진 및 생활안정을 도모하고 그 가족의 부담을 덜어줌으로써 국민의 삶의 질을 향상하도록 함을 목적으로 한다.
정의	1. "＿＿＿"이란 65세 이상의 노인 또는 65세 미만의 자로서 치매·뇌혈관성질환 등 대통령령으로 정하는 노인성 질병을 가진 자를 말한다. 2. "장기요양급여"란 제15조제2항에 따라 ＿＿＿ 이상 동안 혼자서 일상생활을 수행하기 어렵다고 인정되는 자에게 신체활동·가사활동의 지원 또는 간병 등의 서비스나 이에 갈음하여 지급하는 현금 등을 말한다. 3. "장기요양사업"이란 장기요양보험료, 국가 및 지방자치단체의 부담금 등을 재원으로 하여 노인등에게 장기요양급여를 제공하는 사업을 말한다. 4. "장기요양기관"이란 제31조에 따른 지정을 받은 기관으로서 장기요양급여를 제공하는 기관을 말한다. 5. "장기요양요원"이란 장기요양기관에 소속되어 노인등의 신체활동 또는 가사활동 지원 등의 업무를 수행하는 자를 말한다.
제3조 (장기요양급여 제공의 기본원칙)	① 장기요양급여는 노인등이 자신의 의사와 능력에 따라 최대한 자립적으로 일상생활을 수행할 수 있도록 제공하여야 한다. ② 장기요양급여는 노인등의 심신상태·생활환경과 노인등 및 그 가족의 욕구·선택을 종합적으로 고려하여 필요한 범위 안에서 이를 적정하게 제공하여야 한다. ③ 장기요양급여는 노인등이 가족과 함께 생활하면서 가정에서 장기요양을 받는 ＿＿＿를 우선적으로 제공하여야 한다. ④ 장기요양급여는 노인등의 심신상태나 건강 등이 악화되지 아니하도록 의료서비스와 연계하여 이를 제공하여야 한다.
제4조 (국가 및 지방자치단체의 책무 등)	① 국가 및 지방자치단체는 노인이 일상생활을 혼자서 수행할 수 있는 온전한 심신상태를 유지하는데 필요한 사업(이하 "노인성질환예방사업"이라 한다)을 실시하여야 한다. ② 국가는 노인성질환예방사업을 수행하는 지방자치단체 또는 「국민건강보험법」에 따른 국민건강보험공단(이하 "공단"이라 한다)에 대하여 이에 소요되는 비용을 지원할 수 있다. ③ 국가 및 지방자치단체는 노인인구 및 지역특성 등을 고려하여 장기요양급여가 원활하게 제공될 수 있도록 적정한 수의 장기요양기관을 확충하고 장기요양기관의 설립을 지원하여야 한다.

정답 • 노인등 • 6개월 • 재가급여

④ 국가 및 지방자치단체는 장기요양급여가 원활히 제공될 수 있도록 공단에 필요한 행정적 또는 재정적 지원을 할 수 있다.
⑤ 국가 및 지방자치단체는 장기요양요원의 처우를 개선하고 복지를 증진하며 지위를 향상시키기 위하여 적극적으로 노력하여야 한다.
⑥ 국가 및 지방자치단체는 지역의 특성에 맞는 장기요양사업의 표준을 개발·보급할 수 있다.

3. 노인 장기요양보험

구분	내용
제7조 (장기요양보험)	① 장기요양보험사업은 보건복지부장관이 관장한다. ② 장기요양보험사업의 보험자는 공단으로 한다. ③ 장기요양보험의 가입자(이하 "장기요양보험가입자"라 한다)는 「국민건강보험법」 제5조 및 제109조에 따른 가입자로 한다. ④ 공단은 제3항에도 불구하고 「외국인근로자의 고용 등에 관한 법률」에 따른 외국인근로자 등 대통령령으로 정하는 외국인이 신청하는 경우 보건복지부령으로 정하는 바에 따라 장기요양보험가입자에서 제외할 수 있다.
제8조 (장기요양보험 료의 징수)	① 공단은 장기요양사업에 사용되는 비용에 충당하기 위하여 장기요양보험료를 징수한다. ② 제1항에 따른 장기요양보험료는 「국민건강보험법」 제69조에 따른 보험료(이하 이 조에서 "건강보험료"라 한다)와 통합하여 징수한다. 이 경우 공단은 장기요양보험료와 건강보험료를 구분하여 고지하여야 한다. 〈개정 2011. 12. 31.〉 ③ 공단은 제2항에 따라 통합 징수한 장기요양보험료와 건강보험료를 각각의 독립회계로 관리하여야 한다.
제12조 (장기요양인정 의 신청자격)	장기요양인정을 신청할 수 있는 자는 노인등으로서 다음 각 호의 어느 하나에 해당하는 자격을 갖추어야 한다. 1. 장기요양보험가입자 또는 그 피부양자 2. 「의료급여법」 제3조제1항에 따른 수급권자(이하 "의료급여수급권자"라 한다)
제14조 (장기요양인정 신청의 조사)	① 공단은 제13조제1항에 따라 신청서를 접수한 때 보건복지부령으로 정하는 바에 따라 소속 직원으로 하여금 다음 각 호의 사항을 조사하게 하여야 한다. 다만, 지리적 사정 등으로 직접 조사하기 어려운 경우 또는 조사에 필요하다고 인정하는 경우 특별자치시·특별자치도·시·군·구(자치구를 말한다. 이하 같다)에 대하여 조사를 의뢰하거나 공동으로 조사할 것을 요청할 수 있다. 1. 신청인의 심신상태

	2. 신청인에게 필요한 장기요양급여의 종류 및 내용 3. 그 밖에 장기요양에 관하여 필요한 사항으로서 보건복지부령으로 정하는 사항 ② 공단은 제1항 각 호의 사항을 조사하는 경우 2명 이상의 소속 직원이 조사할 수 있도록 노력하여야 한다. ③ 제1항에 따라 조사를 하는 자는 조사일시, 장소 및 조사를 담당하는 자의 인적사항 등을 미리 신청인에게 통보하여야 한다. ④ 공단 또는 제1항 단서에 따른 조사를 의뢰받은 특별자치시·특별자치도·시·군·구는 조사를 완료한 때 조사결과서를 작성하여야 한다. 조사를 의뢰받은 특별자치시·특별자치도·시·군·구는 지체 없이 공단에 조사결과서를 송부하여야 한다.

제15조
(등급판정 등)
	① 공단은 제14조에 따른 조사가 완료된 때 조사결과서, 신청서, 의사소견서, 그 밖에 심의에 필요한 자료를 등급판정위원회에 제출하여야 한다.
	② 등급판정위원회는 신청인이 제12조의 신청자격요건을 충족하고 6개월 이상 동안 혼자서 일상생활을 수행하기 어렵다고 인정하는 경우 심신상태 및 장기요양이 필요한 정도 등 대통령령으로 정하는 등급판정기준에 따라 수급자로 판정한다.
	③ 등급판정위원회는 제2항에 따라 심의·판정을 하는 때 신청인과 그 가족, 의사소견서를 발급한 의사 등 관계인의 의견을 들을 수 있다.
	④ 공단은 장기요양급여를 받고 있거나 받을 수 있는 자가 다음 각 호의 어느 하나에 해당하는 것으로 의심되는 경우에는 제14조제1항 각 호의 사항을 조사하여 그 결과를 등급판정위원회에 제출하여야 한다.
	  1. 거짓이나 그 밖의 부정한 방법으로 장기요양인정을 받은 경우
	  2. 고의로 사고를 발생하도록 하거나 본인의 위법행위에 기인하여 장기요양인정을 받은 경우
	⑤ 등급판정위원회는 제4항에 따라 제출된 조사 결과를 토대로 제2항에 따라 다시 수급자 등급을 조정하고 수급자 여부를 판정할 수 있다.

제17조
(장기요양인정서)
	① 공단은 등급판정위원회가 장기요양인정 및 등급판정의 심의를 완료한 경우 지체 없이 다음 각 호의 사항이 포함된 장기요양인정서를 작성하여 수급자에게 송부하여야 한다.
	  1. 장기요양등급
	  2. 장기요양급여의 종류 및 내용
	  3. 그 밖에 장기요양급여에 관한 사항으로서 보건복지부령으로 정하는 사항

*노인장기요양
보험법 시행령
	제7조 【등급판정기준 등】
	① 법 제15조제2항에 따른 등급판정기준은 다음 각 호와 같다.
	  1. 장기요양 1등급 : 심신의 기능상태 장애로 일상생활에서 전적으로 다른 사람의 도움이 필요한 자로서 장기요양인정 점수가 95점 이상인 자
	  2. 장기요양 2등급 : 심신의 기능상태 장애로 일상생활에서 상당 부분 다른 사람의 도움이 필요한 자로서 장기요양인정 점수가 75점 이상 95점 미만인 자
	  3. 장기요양 3등급 : 심신의 기능상태 장애로 일상생활에서 부분적으로 다른 사람의 도움이 필요한 자로서 장기요양인정 점수가 60점 이상 75점 미만인 자

	4. 장기요양 4등급 : 심신의 기능상태 장애로 일상생활에서 일정부분 다른 사람의 도움이 필요한 자로서 장기요양인정 점수가 51점 이상 60점 미만인 자 5. 장기요양 5등급 : 치매(제2조에 따른 노인성 질병에 해당하는 치매로 한정한다)환자로서 장기요양인정 점수가 45점 이상 51점 미만인 자 6. 장기요양 등급 : 치매(제2조에 따른 노인성 질병에 해당하는 치매로 한정한다)환자로서 장기요양인정 점수가 미만인 자 ② 제1항에 따른 장기요양인정 점수는 장기요양이 필요한 정도를 나타내는 점수로서 보건복지부장관이 정하여 고시하는 심신의 기능 저하 상태를 측정하는 방법에 따라 산정한다.
노인장기요양보험법 시행령 [별표 1] *노인성 질병의 종류 (제2조 관련)	가. 알츠하이머병에서의 치매 나. 혈관성 치매 다. 달리 분류된 기타 질환에서의 치매 라. 상세불명의 치매 마. 알츠하이머병 바. 지주막하출혈 사. 뇌내출혈 아. 기타 비외상성 두개내출혈 자. 뇌경색증 차. 출혈 또는 경색증으로 명시되지 않은 뇌졸중 카. 뇌경색증을 유발하지 않은 뇌전동맥의 폐쇄 및 협착 타. 뇌경색증을 유발하지 않은 대뇌동맥의 폐쇄 및 협착 파. 기타 뇌혈관질환 하. 달리 분류된 질환에서의 뇌혈관장애 거. 뇌혈관질환의 후유증 너. 파킨슨병 더. 이차성 파킨슨증 러. 달리 분류된 질환에서의 파킨슨증 머. 기저핵의 기타 퇴행성 질환 버. 중풍후유증 서. 진전(震顫)

 정답 | • 인지지원   • 45점

4. 노인 장기요양급여의 종류

구분	내용
제23조 장기요양급여 의 종류	1. 재가급여 　가. <u>방문요양</u> : 장기요양요원이 수급자의 가정 등을 방문하여 신체활동 및 가사활동 등을 지원하는 장기요양급여 　나. <u>방문목욕</u> : 장기요양요원이 목욕설비를 갖춘 장비를 이용하여 수급자의 가정 등을 방문하여 목욕을 제공하는 장기요양급여 　다. <u>방문간호</u> : 장기요양요원인 간호사 등이 의사, 한의사 또는 치과의사의 지시서(이하 "방문간호지시서"라 한다)에 따라 수급자의 가정 등을 방문하여 간호, 진료의 보조, 요양에 관한 상담 또는 구강위생 등을 제공하는 장기요양급여 　라. <u>주·야간보호</u> : 수급자를 하루 중 일정한 시간 동안 장기요양기관에 보호하여 신체활동 지원 및 심신기능의 유지·향상을 위한 교육·훈련 등을 제공하는 장기요양급여 　마. _____ : 수급자를 보건복지부령으로 정하는 범위 안에서 일정 기간 동안 장기요양기관에 보호하여 신체활동 지원 및 심신기능의 유지·향상을 위한 교육·훈련 등을 제공하는 장기요양급여 　　**시행규칙 제11조 【단기보호 급여기간】** 　　① 법 제23조제1항제1호마목에 따른 단기보호 급여를 받을 수 있는 기간은 월 9일 이내로 한다. 다만, 가족의 여행, 병원치료 등의 사유로 수급자를 돌볼 가족이 없는 경우 등 보건복지부장관이 정하여 고시하는 사유에 해당하는 경우에는 1회 9일 이내의 범위에서 연간 4회까지 연장할 수 있다. 〈개정 2009. 7. 1., 2010. 2. 24., 2010. 3. 19., 2016. 11. 7., 2018. 4. 27.〉 　　② 제1항에도 불구하고 2017년 12월 31일 이전에 지정을 받은 장기요양기관 또는 설치 신고를 한 재가장기요양기관에서 단기보호 급여를 받는 경우에는 단기보호 급여를 받을 수 있는 기간을 월 15일 이내로 한다. 다만, 제1항 단서의 사유에 해당하는 경우에는 1회 15일 이내의 범위에서 연간 2회까지 그 기간을 연장할 수 있다. 〈신설 2018. 4. 27.〉 　바. <u>기타재가급여</u> : 수급자의 일상생활·신체활동 지원 및 인지기능의 유지·향상에 필요한 용구를 제공하거나 가정을 방문하여 재활에 관한 지원 등을 제공하는 장기요양급여로서 대통령령으로 정하는 것 2. <u>시설급여</u> : 장기요양기관에 장기간 입소한 수급자에게 신체활동 지원 및 심신기능의 유지·향상을 위한 교육·훈련 등을 제공하는 장기요양급여

정답 • 단기보호

	3. _____
	가. 가족요양비 : 제24조에 따라 지급하는 가족장기요양급여
	나. 특례요양비 : 제25조에 따라 지급하는 특례장기요양급여
	다. 요양병원간병비 : 제26조에 따라 지급하는 요양병원장기요양급여
제24조 가족 요양비	① 공단은 다음 각 호의 어느 하나에 해당하는 수급자가 가족 등으로부터 제23조제1항제1호가목에 따른 방문요양에 상당한 장기요양급여를 받은 때 대통령령으로 정하는 기준에 따라 해당 수급자에게 가족요양비를 지급할 수 있다. 1. 도서·벽지 등 장기요양기관이 현저히 부족한 지역으로서 보건복지부장관이 정하여 고시하는 지역에 거주하는 자 2. 천재지변이나 그 밖에 이와 유사한 사유로 인하여 장기요양기관이 제공하는 장기요양급여를 이용하기가 어렵다고 보건복지부장관이 인정하는 자 3. 신체·정신 또는 성격 등 대통령령으로 정하는 사유로 인하여 가족 등으로부터 장기요양을 받아야 하는 자
제25조 특례 요양비	① 공단은 수급자가 장기요양기관이 아닌 노인요양시설 등의 기관 또는 시설에서 재가급여 또는 시설급여에 상당한 장기요양급여를 받은 경우 대통령령으로 정하는 기준에 따라 해당 장기요양급여비용의 일부를 해당 수급자에게 특례요양비로 지급할 수 있다.
제26조 요양병원 간병비	① 공단은 수급자가 「의료법」 제3조제2항제3호라목에 따른 요양병원에 입원한 때 대통령령으로 정하는 기준에 따라 장기요양에 사용되는 비용의 일부를 요양병원간병비로 지급할 수 있다.

정답 • 특별현금급여

THEME 009 환경정책기본법

1. 총칙

구분	내용
목적	이 법은 환경보전에 관한 국민의 권리·의무와 국가의 책무를 명확히 하고 환경정책의 기본 사항을 정하여 환경오염과 환경훼손을 예방하고 환경을 적정하고 지속가능하게 관리·보전함으로써 모든 국민이 건강하고 쾌적한 삶을 누릴 수 있도록 함을 목적으로 한다.
정의	1. "환경"이란 자연환경과 생활환경을 말한다. 2. "자연환경"이란 지하·지표(해양을 포함한다) 및 지상의 모든 생물과 이들을 둘러싸고 있는 비생물적인 것을 포함한 자연의 상태(생태계 및 자연경관을 포함한다)를 말한다. 3. "생활환경"이란 대기, 물, 토양, 폐기물, 소음·진동, 악취, 일조(日照), 인공조명, 화학물질 등 사람의 일상생활과 관계되는 환경을 말한다. 4. "환경오염"이란 사업활동 및 그 밖의 사람의 활동에 의하여 발생하는 대기오염, 수질오염, 토양오염, 해양오염, 방사능오염, 소음·진동, 악취, 일조 방해, 인공조명에 의한 빛공해 등으로서 사람의 건강이나 환경에 피해를 주는 상태를 말한다. 5. "환경훼손"이란 야생동식물의 남획(濫獲) 및 그 서식지의 파괴, 생태계질서의 교란, 자연경관의 훼손, 표토(表土)의 유실 등으로 자연환경의 본래적 기능에 중대한 손상을 주는 상태를 말한다. 6. "환경보전"이란 환경오염 및 환경훼손으로부터 환경을 보호하고 오염되거나 훼손된 환경을 개선함과 동시에 쾌적한 환경 상태를 유지·조성하기 위한 행위를 말한다. 7. "〇〇〇〇"이란 일정한 지역에서 환경오염 또는 환경훼손에 대하여 환경이 스스로 수용, 정화 및 복원하여 환경의 질을 유지할 수 있는 한계를 말한다. 8. "환경기준"이란 국민의 건강을 보호하고 쾌적한 환경을 조성하기 위하여 국가가 달성하고 유지하는 것이 바람직한 환경상의 조건 또는 질적인 수준을 말한다.

정답 • 환경용량

구분	내용
국가 및 지방자치단체의 책무	제4조 【국가 및 지방자치단체의 책무】 ① 국가는 환경오염 및 환경훼손과 그 위해를 예방하고 환경을 적정하게 관리·보전하기 위하여 환경계획을 수립하여 시행할 책무를 진다. 〈개정 2021. 1. 5.〉 ② 지방자치단체는 관할 구역의 지역적 특성을 고려하여 국가의 환경계획에 따라 그 지방자치단체의 환경계획을 수립하여 이를 시행할 책무를 진다. 〈개정 2021. 1. 5.〉 ③ 국가 및 지방자치단체는 지속가능한 국토환경 유지를 위하여 제1항에 따른 환경계획과 제2항에 따른 지방자치단체의 환경계획을 수립할 때에는 「국토기본법」에 따른 국토계획과의 연계방안 등을 강구하여야 한다. 〈신설 2015. 12. 1., 2021. 1. 5.〉 ④ 환경부장관은 제3항에 따른 환경계획과 국토계획의 연계를 위하여 필요한 경우에는 적용범위, 연계방법 및 절차 등을 국토교통부장관과 공동으로 정할 수 있다.
환경오염 등의 사전예방	① 국가 및 지방자치단체는 환경오염물질 및 환경오염원의 원천적인 감소를 통한 사전예방적 오염관리에 우선적인 노력을 기울여야 하며, 사업자로 하여금 환경오염을 예방하기 위하여 스스로 노력하도록 촉진하기 위한 시책을 마련하여야 한다. ② 사업자는 제품의 제조·판매·유통 및 폐기 등 사업활동의 모든 과정에서 환경오염이 적은 원료를 사용하고 공정(工程)을 개선하며, 자원의 절약과 재활용의 촉진 등을 통하여 오염물질의 배출을 원천적으로 줄이고, 제품의 사용 및 폐기로 환경에 미치는 해로운 영향을 최소화하도록 노력하여야 한다. ③ 국가, 지방자치단체 및 사업자는 행정계획이나 개발사업에 따른 국토 및 자연환경의 훼손을 예방하기 위하여 해당 행정계획 또는 개발사업이 환경에 미치는 해로운 영향을 최소화하도록 노력하여야 한다.

2. 환경기준

구분	내용
환경기준	① 국가는 생태계 또는 인간의 건강에 미치는 영향 등을 고려하여 환경기준을 설정하여야 하며, 환경 여건의 변화에 따라 그 적정성이 유지되도록 하여야 한다. 〈개정 2016. 1. 27.〉 ② 환경기준은 대통령령으로 정한다. ③ 특별시·광역시·특별자치시·도·특별자치도(이하 "시·도"라 한다)는 해당 지역의 환경적 특수성을 고려하여 필요하다고 인정할 때에는 해당 시·도의 조례로 제1항에 따른 환경기준보다 확대·강화된 별도의 환경기준(이하 "지역환경기준"이라 한다)을 설정 또는 변경할 수 있다. 〈개정 2021. 1. 5.〉 ④ 특별시장·광역시장·특별자치시장·도지사·특별자치도지사(이하 "시·도지사"라 한다)는 제3항에 따라 지역환경기준을 설정하거나 변경한 경우에는 이를 지체 없이 환경부장관에게 통보하여야 한다. 〈개정 2021. 1. 5.〉

*환경정책기본법 시행령 [별표1] 환경기준(제2조 관련)

1. 대기

항목	기준	항목	기준
아황산가스 (SO$_2$)	연간 평균치 0.02ppm 이하	초미세먼지 (PM-2.5)	연간 평균치 15μg/㎥ 이하
아황산가스 (SO$_2$)	24시간 평균치 0.05ppm 이하	초미세먼지 (PM-2.5)	24시간 평균치 ▨ μg/㎥ 이하
아황산가스 (SO$_2$)	1시간 평균치 0.15ppm 이하		
일산화탄소 (CO)	8시간 평균치 9ppm 이하	오존 (O$_3$)	8시간 평균치 0.06ppm 이하
일산화탄소 (CO)	1시간 평균치 25ppm 이하	오존 (O$_3$)	1시간 평균치 0.1ppm 이하
이산화질소 (NO$_2$)	연간 평균치 0.03ppm 이하	납 (Pb)	연간 평균치 0.5μg/㎥ 이하
이산화질소 (NO$_2$)	24시간 평균치 0.06ppm 이하	벤젠	연간 평균치 5μg/㎥ 이하
이산화질소 (NO$_2$)	1시간 평균치 0.10ppm 이하		
미세먼지 (PM-10)	연간 평균치 ▨ μg/㎥ 이하		
미세먼지 (PM-10)	24시간 평균치 100μg/㎥ 이하		

정답 •35 •50

2. 소음

구분	지역	적용 대상지역	기준	
			낮 (06:00 ~ 22:00)	밤 (22:00 ~ 06:00)
일반 지역		"가"지역	50	40
		"나"지역	55	45
		"다"지역	65	55
		"라"지역	70	65
도로변 지역		"가" 및 "나"지역	65	55
		"다"지역	70	60
		"라"지역	75	70

3. 수질 및 수생태계
   1) 사람의 건강보호 기준

항목	기준값(mg/L)
카드뮴(Cd)	0.005 이하
비소(As)	0.05 이하
시안(CN)	검출되어서는 안 됨(검출한계 0.01)
수은(Hg)	검출되어서는 안 됨(검출한계 0.001)
유기인	검출되어서는 안 됨(검출한계 0.0005)
폴리클로리네이티드비페닐(PCB)	검출되어서는 안 됨(검출한계 0.0005)

납(Pb)	0.05 이하
6가 크롬(Cr6+)	0.05 이하
음이온 계면활성제(ABS)	0.5 이하
사염화탄소	0.004 이하
1,2-디클로로에탄	0.03 이하
테트라클로로에틸렌(PCE)	0.04 이하
디클로로메탄	0.02 이하
벤젠	0.01 이하
클로로포름	0.08 이하
디에틸헥실프탈레이트(DEHP)	0.008 이하
안티몬	0.02 이하
1,4-다이옥세인	0.05 이하
포름알데히드	0.5 이하
헥사클로로벤젠	0.00004 이하

THEME 010 사회보장기본법

구분	내용
목적	사회보장에 관한 국민의 권리와 국가 및 지방자치단체의 ____ 을 정하고 사회보장정책의 수립·추진과 관련 제도에 관한 기본적인 사항을 규정함으로써 국민의 복지증진에 이바지하는 것을 목적으로 한다.
정의	1. "사회보장"이란 출산, 양육, 실업, 노령, 장애, 질병, 빈곤 및 사망 등의 사회적 위험으로부터 모든 국민을 보호하고 국민 삶의 질을 향상시키는 데 필요한 소득·서비스를 보장하는 _____, _____, 사회서비스를 말한다. 2. "_____"이란 국민에게 발생하는 사회적 위험을 보험의 방식으로 대처함으로써 국민의 건강과 소득을 보장하는 제도를 말한다. 3. "_____"(公共扶助)란 국가와 지방자치단체의 책임 하에 생활 유지 능력이 없거나 생활이 어려운 국민의 최저생활을 보장하고 자립을 지원하는 제도를 말한다. 4. "사회서비스"란 국가·지방자치단체 및 민간부문의 도움이 필요한 모든 국민에게 복지, 보건의료, 교육, 고용, 주거, 문화, 환경 등의 분야에서 인간다운 생활을 보장하고 상담, 재활, 돌봄, 정보의 제공, 관련 시설의 이용, 역량 개발, 사회참여 지원 등을 통하여 국민의 삶의 질이 향상되도록 지원하는 제도를 말한다. 5. "_____"이란 생애주기에 걸쳐 보편적으로 충족되어야 하는 기본욕구와 특정한 사회위험에 의하여 발생하는 특수욕구를 동시에 고려하여 소득·서비스를 보장하는 맞춤형 사회보장제도를 말한다. 6. "사회보장 행정데이터"란 국가, 지방자치단체, 공공기관 및 법인이 법령에 따라 생성 또는 취득하여 관리하고 있는 자료 또는 정보로서 사회보장 정책 수행에 필요한 자료 또는 정보를 말한다.

 정답 • 책임 • 사회보험 • 공공부조 • 사회보험 • 공공부조 • 평생사회안전망

국가와 지방자치단체의 책임	① 국가와 지방자치단체는 모든 국민의 인간다운 생활을 유지·증진하는 책임을 가진다. ② 국가와 지방자치단체는 사회보장에 관한 책임과 역할을 합리적으로 분담하여야 한다. ③ 국가와 지방자치단체는 국가 발전수준에 부응하고 사회환경의 변화에 선제적으로 대응하며 지속가능한 사회보장제도를 확립하고 매년 이에 필요한 재원을 조달하여야 한다. ④ 국가는 사회보장제도의 안정적인 운영을 위하여 중장기 사회보장 재정추계를 격년으로 실시하고 이를 공표하여야 한다.
사회보장에 관한 국민의 권리	제9조【사회보장을 받을 권리】 모든 국민은 사회보장 관계 법령에서 정하는 바에 따라 사회보장급여를 받을 권리(이하 "사회보장수급권"이라 한다)를 가진다. 제10조【사회보장급여의 수준】 ① 국가와 지방자치단체는 모든 국민이 건강하고 문화적인 생활을 유지할 수 있도록 사회보장급여의 수준 향상을 위하여 노력하여야 한다. ② 국가는 관계 법령에서 정하는 바에 따라 최저보장수준과 최저임금을 매년 공표하여야 한다. 〈개정 2015. 12. 29.〉 ③ 국가와 지방자치단체는 제2항에 따른 최저보장수준과 최저임금 등을 고려하여 사회보장급여의 수준을 결정하여야 한다. 〈개정 2015. 12. 29.〉
기본방향	제22조【평생사회안전망의 구축·운영】 ① 국가와 지방자치단체는 모든 국민이 생애 동안 삶의 질을 유지·증진할 수 있도록 평생사회안전망을 구축하여야 한다. ② 국가와 지방자치단체는 평생사회안전망을 구축·운영함에 있어 사회적 취약계층을 위한 공공부조를 마련하여 최저생활을 보장하여야 한다.

2026
김동현 전공보건
법령요약 빈칸노트

부록

✦ 학교보건법 시행규칙 [별표 1], [별표 2], [별표 2의2], [별표 3], [별표 4], [별표 4의2], [별표 5], [별표 6], [별표 9]

✦ 학교건강검사규칙 [별표 1], [별표 1의2], [별표 2], [별표 3]

■ 학교보건법 시행규칙 [별표 1] <개정 2019. 9. 17.>

보건실에 갖추어야 하는 시설과 기구 및 용품의 구체적인 기준
(제2조 관련)

구분	기준
1. 일반 시설 및 기구 등	사무용 책상·의자, 건강기록부 및 서류 보관장, 약장·기기보관함, 소독(멸균)기, 냉·온장고, 물 끓이는 기구, 손전등, 가습기, 수도시설 및 세면대, 냉·난방시설, 통신시설, 컴퓨터·프린터기, 칠판·교육용 기자재 등
2. 환자안정용 기구	침대·침구류 및 보관장, 칸막이(가리개), 보온기구 등
3. 건강진단 및 상담용 기구	신장계·체중계·줄자·좌고계, 비만측정기, 시력표·조명장치·눈가리개·시력검사용 지시봉, 색각검사표, 청력계, 혈압계·청진기, 혈당측정기, 스톱워치(stopwatch), 검안경·검이경(귀보개)·비경, 펜라이트(penlight), 치과용 거울, 탐침·핀셋, 상담용 의자·탁자 및 진찰용 의자 등
4. 응급처치용 기구	체온계, 핀셋·핀셋통, 가위·의료용 쟁반·가제통·소독접시·상처소독용 이동식 수레, 부목·휴대용 구급기구·구급낭·들것·목발, 세안수수기·찜질기·켈리(지혈감자), 휴대용 산소기 및 구급처치용 침대 등
5. 환경위생 및 식품위생검사용 기구	통풍건습계, 흑구온도계, 조도계, 가스검지기, 먼지측정기, 소음계 및 수질검사용 기구 등
6. 기타	학생 및 교직원의 보건관리에 필요한 시설과 기구 및 용품 등

<비고>
교육감은 학교의 실정에 따라 제5호의 규정에 의한 기준을 조정할 수 있다.

■ 학교보건법 시행규칙 [별표 2] <개정 2019. 9. 17.>

환기·채광·조명·온습도의 조절기준과 환기설비의 구조 및 설치기준
(제3조 제1항 제1호 관련)

1. 환기

    가. 환기의 조절기준

    환기용 창 등을 수시로 개방하거나 기계식 환기설비를 수시로 가동하여 1인당 환기량이 시간당 21.6세제곱미터 이상이 되도록 할 것

    나. 환기설비의 구조 및 설치기준(환기설비의 구조 및 설치기준을 두는 경우에 한한다)

    1) 환기설비는 교사 안에서의 공기의 질의 유지기준을 충족할 수 있도록 충분한 외부공기를 유입하고 내부공기를 배출할 수 있는 용량으로 설치할 것

    2) 교사의 환기설비에 대한 용량의 기준은 환기의 조절기준에 적합한 용량으로 할 것

    3) 교사 안으로 들어오는 공기의 분포를 균등하게 하여 실내공기의 순환이 골고루 이루어지도록 할 것

    4) 중앙관리방식의 환기설비를 계획할 경우 환기닥트는 공기를 오염시키지 아니하는 재료로 만들 것

2. 채광(자연조명)

    가. 직사광선을 포함하지 아니하는 천공광에 의한 옥외 수평조도와 실내조도와의 비가 평균 5퍼센트 이상으로 하되, 최소 2퍼센트 미만이 되지 아니하도록 할 것

    나. 최대조도와 최소조도의 비율이 10대 1을 넘지 아니하도록 할 것

    다. 교실 바깥의 반사물로부터 눈부심이 발생되지 아니하도록 할 것

3. 조도(인공조명)

　가. 교실의 조명도는 책상면을 기준으로 300럭스 이상이 되도록 할 것

　나. 최대조도와 최소조도의 비율이 3대 1을 넘지 아니하도록 할 것

　다. 인공조명에 의한 눈부심이 발생되지 아니하도록 할 것

4. 실내온도 및 습도

　가. 실내온도는 섭씨 18도 이상 28도 이하로 하되, 난방온도는 섭씨 18도 이상 20도 이하, 냉방온도는 섭씨 26도 이상 28도 이하로 할 것

　나. 비교습도는 30퍼센트 이상 80퍼센트 이하로 할 것

■ 학교보건법 시행규칙 [별표 2의2] <신설 2019. 10. 24.>

유해중금속 등 유해물질의 예방 및 관리 기준
(제3조 제1항 제1호의2 관련)

1. 체육장 등의 학교시설에 설치하는 인조잔디 및 탄성포장재는 「산업표준화법」 제15조 제1항에 따른 인증을 받은 제품을 사용할 것

2. 제1호에 따라 설치한 인조잔디 및 탄성포장재의 파손 여부, 유해중금속 등 유해물질의 발생 여부를 주기적으로 점검하고, 필요한 조치를 할 것

3. 학교시설 중 「환경보건법」 제2조 제8호에 따른 어린이활동공간에 대해서는 같은 법 제23조 제1항에 따른 환경안전관리기준에 적합하게 유지·관리되고 있는지 확인할 것

■ 학교보건법 시행규칙 [별표 3] <개정 2005.11.14>

상하수도·화장실의 설치 및 관리기준
(제3조 제1항 제2호 관련)

1. 상·하수도의 설치 및 관리기준

   「수도법」 및 「하수도법」의 관련규정에 의하여 설치·관리할 것

2. 화장실의 설치 및 관리기준

   가. 화장실의 설치기준

   (1) 화장실은 남자용과 여자용으로 구분하여 설치하되, 학생 및 교직원이 쉽고 편리하게 이용할 수 있도록 필요한 면적과 변기수를 확보할 것

   (2) 대변기 및 소변기는 수세식으로 할 것(상·하수도시설의 미비 또는 수질오염 등의 이유로 인하여 수세식화장실을 설치하기 어려운 경우에는 제외한다)

   (3) 출입구는 남자용과 여자용이 구분되도록 따로 설치할 것

   (4) 대변기의 칸막이안에는 소지품을 두거나 옷을 걸 수 있는 설비를 할 것

   (5) 화장실 안에는 손씻는 시설과 소독시설 등을 갖출 것

   나. 화장실의 유지·관리기준

   (1) 항상 청결이 유지되도록 청소하고 위생적으로 관리할 것

   (2) 악취의 발산과 쥐 및 파리·모기 등 해로운 벌레의 발생·번식을 방지하도록 화장실의 내부 및 외부를 4월부터 9월까지는 주 3회 이상, 10월부터 다음해 3월까지는 주1회 이상 소독을 실시할 것

■ 학교보건법 시행규칙 [별표 4] <개정 2005.11.14.>

폐기물 및 소음의 예방 및 처리기준
(제3조 제1항 제3호 관련)

1. 삭제 〈2005.11.14.〉

2. 폐기물의 예방 및 처리기준
    가. 교지 및 교사는 청결히 유지하여 하며, 폐기물의 재활용 조치 등 폐기물의 발생을 예방하거나 감량화에 노력할 것
    나. 학교내에는 「폐기물관리법 시행규칙」제20조의2의 규정에 의한 폐기물소각시설을 설치·운영하지 아니하도록 할 것
    다. 폐기물을 배출할 때에는 그 종류 및 성상에 따라 분리하여 배출할 것

3. 소음의 기준
    교사내의 소음은 55dB(A) 이하로 할 것

■ 학교보건법 시행규칙 [별표 4의2] <개정 2019. 10. 24.>

공기 질 등의 유지·관리기준
(제3조 제1항 제3호의2 관련)

1. 유지기준

오염물질 항목	기준(이하)	적용 시설	비고
가. 미세먼지	35μg/m³	교사 및 급식시설	직경 2.5㎛ 이하 먼지
	75μg/m³	교사 및 급식시설	직경 10㎛ 이하 먼지
	150μg/m³	체육관 및 강당	직경 10㎛ 이하 먼지
나. 이산화탄소	1,000ppm	교사 및 급식시설	해당 교사 및 급식시설이 기계 환기장치를 이용하여 주된 환기를 하는 경우 1,500ppm이하
다. 폼알데하이드	80μg/m³	교사, 기숙사(건축 후 3년이 지나지 않은 기숙사로 한정한다) 및 급식시설	건축에는 증축 및 개축 포함
라. 총부유세균	800CFU/m³	교사 및 급식시설	
마. 낙하세균	10CFU/실	보건실 및 급식시설	
바. 일산화탄소	10ppm	개별 난방 교실 및 도로변 교실	난방 교실은 직접 연소 방식의 난방 교실로 한정

사. 이산화질소	0.05ppm	개별 난방 교실 및 도로변 교실	난방 교실은 직접 연소 방식의 난방 교실로 한정
아. 라돈	148Bq/㎥	기숙사(건축 후 3년이 지나지 않은 기숙사로 한정한다), 1층 및 지하의 교사	건축에는 증축 및 개축 포함
자. 총휘발성유기화합물	400㎍/㎥	건축한 때부터 3년이 경과되지 아니한 학교	건축에는 증축 및 개축 포함
차. 석면	0.01개/cc	「석면안전관리법」 제22조 제1항 후단에 따른 석면건축물에 해당하는 학교	
카. 오존	0.06ppm	교무실 및 행정실	적용 시설 내에 오존을 발생시키는 사무기기(복사기 등)가 있는 경우로 한정
타. 진드기	100마리/㎡	보건실	
파. 벤젠	30㎍/㎥	건축 후 3년이 지나지 않은 기숙사	건축에는 증축 및 개축 포함
하. 톨루엔	1,000㎍/㎥	건축 후 3년이 지나지 않은 기숙사	건축에는 증축 및 개축 포함
거. 에틸벤젠	360㎍/㎥	건축 후 3년이 지나지 않은 기숙사	건축에는 증축 및 개축 포함
너. 자일렌	700㎍/㎥	건축 후 3년이 지나지 않은 기숙사	건축에는 증축 및 개축 포함
더. 스티렌	300㎍/㎥	건축 후 3년이 지나지 않은 기숙사	건축에는 증축 및 개축 포함

2. 관리기준

대상 시설	중점관리기준
가. 신축 학교	1) 「실내공기질 관리법」 제11조 제1항에 따라 오염물질 방출 건축자재를 사용하지 않을 것 2) 교사 안에서의 원활한 환기를 위하여 환기시설을 설치할 것 3) 책상·의자 및 상판 등 학교의 비품은 「산업표준화법」 제15조에 따라 한국산업표준 인증을 받은 제품을 사용할 것 4) 교사 안에서의 폼알데하이드 및 휘발성유기화합물이 유지기준에 적합하도록 필요한 조치를 강구하고 사용할 것
나. 개교 후 3년 이내인 학교	폼알데하이드 및 휘발성유기화합물 등이 유지기준에 적합하도록 중점적으로 관리할 것
다. 개교 후 10년 이상 경과한 학교	1) 미세먼지 및 부유세균이 유지기준에 적합하도록 중점 관리할 것 2) 기존 시설을 개수 또는 보수하는 경우 「실내공기질 관리법」 제11조 제1항에 따라 오염물질 방출 건축자재를 사용하지 않을 것 3) 책상·의자 및 상판 등 학교의 비품은 「산업표준화법」 제15조에 따라 한국산업표준 인증을 받은 제품을 사용할 것
라. 「석면안전관리법」 제22조 제1항 후단에 따른 석면건축물에 해당하는 학교	석면이 유지기준에 적합하도록 중점적으로 관리할 것
마. 개별 난방(직접 연소 방식의 난방으로 한정한다) 교실 및 도로변 교실	일산화탄소 및 이산화질소가 유지기준에 적합하도록 중점적으로 관리할 것
바. 급식시설	미세먼지, 이산화탄소, 폼알데하이드, 총부유세균 및 낙하세균이 유지기준에 적합하도록 중점적으로 관리할 것
사. 보건실	낙하세균과 진드기가 유지기준에 적합하도록 중점적으로 관리할 것

■ 학교보건법 시행규칙 [별표 5] <개정 2014.7.7>

식기·식품 및 먹는물의 관리 등 식품위생에 관한 사항
(제3조 제1항 제4호 관련)

1. 식기·식품의 관리기준

   가. 식품 등을 취급하는 재료보관실·조리실 등의 내부는 항상 청결하게 관리하여야 한다.

   나. 식품 등의 원료 및 제품중 부패·변질이 되기 쉬운 것은 냉동·냉장시설에 보관·관리하여야 한다.

   다. 식품 등의 보관·운반·진열시에는 식품 등의 기준 및 규격이 정하고 있는 보존 및 보관기준에 적합하도록 관리하여야 하고, 이 경우 냉동·냉장시설 및 운반시설은 항상 정상적으로 작동시켜야 한다.

   라. 식품 등의 제조·조리·가공 등에 직접 종사하는 자는 위생복·위생모를 착용하는 등 개인위생을 철저히 관리하여야 한다.

   마. 식품 등의 제조·조리·가공에 직접 사용되는 기계·기구 및 음식기는 사용후에 세척·살균하는 등 항상 청결하게 유지·관리하여야 한다.

   바. 유통기한이 경과된 식품 등을 제공하거나 제공할 목적으로 진열·보관하여서는 아니 된다.

2. 먹는물의 관리기준

   가. 급수시설 설치

   (1) 상수도 또는 마을상수도에 의하여 먹는물을 공급하는 경우에는 저수조를 경유하지 아니하고 직접 수도꼭지에 연결하여 공급하여야 한다. 다만, 직접 수도꼭지에 연결하기가 곤란한 경우에는 제외한다.

   (2) 지하수 등에 의하여 먹는물을 공급하는 경우에는 저수조 등의 시설을 경유하여야 한다.

나. 급수시설관리

    ⑴ 급수시설·설비는 항상 위생적으로 관리하여야 하며, 급수시설에서 사용중인 저수조는「수도법 시행규칙」제22조의3에 따른 청소 및 위생상태 점검을 실시하고, 외부인이 출입할 수 없도록 잠금장치 등의 조치를 하여야 한다.

    ⑵ 지하수 등을 먹는물로 사용하는 경우에는 원수의 수질 안정성 확보를 위하여 필요 시 정수 또는 소독 등의 조치를 하여야 한다.

    ⑶ 급수설비 및 급수관은「수도법」제33조 제2항 및 제3항에 따라 소독등위생조치, 수질검사 및 세척등조치를 실시하여야 한다.

다. 먹는물의 공급 등

    학생 및 교직원에게 공급하는 먹는물은「먹는물관리법」제5조에 따른 수질기준에 적합한 물을 제공하여야 한다.

라. 수질검사

    ⑴ 저수조를 사용하는 학교의 경우「수도법 시행규칙」제22조의3제4항에 따라 수질검사를 실시하여야 한다.

    ⑵ 지하수는「먹는물 수질기준 및 검사 등에 관한 규칙」제4조 제2항에 따라 수질검사를 실시하여야 한다.

마. 나목 및 라목에도 불구하고, 학교의 장은 학교의 규모 및 급수시설의 노후도 등을 고려하여 급수시설의 청소 및 위생상태 점검주기와 수질검사(수질검사 대상이 아닌 학교에서 실시하는 수질검사를 포함한다)주기를 단축할 수 있다.

■ 학교보건법 시행규칙 [별표 6] <개정 2022. 6. 29.>

학교시설에서의 환경위생 및 식품위생에 대한 점검의 종류 및 시기
(제3조 제3항 관련)

점검종류	점검시기
일상점검	• 매 수업일
정기점검	• 매 학년: 2회 이상. 다만, 제3조 제1항 각 호의 기준에서 점검횟수를 3회 이상으로 정한 경우에는 그 기준을 따른다.
특별점검	• 전염병 등에 의하여 집단적으로 환자가 발생할 우려가 있거나 발생한 때 • 풍수해 등으로 환경이 불결하게 되거나 오염된 때 • 학교를 신축·개축·개수 등을 하거나, 책상·의자·컴퓨터 등 새로운 비품을 학교시설로 반입하여 폼알데하이드 및 휘발성유기화합물이 발생할 우려가 있을 때 • 그 밖에 학교의 장이 필요하다고 인정하는 때

〈비고〉
별표 4의2에 따른 오염물질 중 라돈에 대한 정기점검의 경우 최초 실시 학년도 및 그 다음 학년도의 점검 결과가 각각 유지기준의 50퍼센트 미만에 해당하는 기숙사(건축 후 3년이 지나지 않은 기숙사로 한정한다) 및 1층 교사에 대해서는 교육부장관이 정하는 바에 따라 정기점검의 주기를 늘릴 수 있다.

■ 학교보건법 시행규칙 [별표 9] <개정 2016. 9. 1.>

응급처치교육의 계획·내용 및 시간 등
(제10조 제1항 관련)

1. 응급처치교육의 계획 수립 및 주기

   가. 학교의 장은 매 학년도 3월 31일까지 응급처치교육의 대상·내용·방법 및 그 밖에 필요한 사항을 포함하여 해당 학년도의 응급처치교육 계획을 수립해야 한다.

   나. 학교의 장은 교육계획을 수립하는 경우에는 모든 교직원이 매 학년도 교육을 받을 수 있도록 해야 한다. 다만, 해당 학년도에 다른 법령에 따라 심폐소생술 등 응급처치와 관련된 내용이 포함된 교육을 받은 교직원에 대해서는 응급처치교육을 면제할 수 있다.

2. 응급처치교육의 내용·시간 및 강사

내용		시간	강사
가. 이론 교육	1) 응급상황 대처요령 2) 심폐소생술 등 응급처치 시 주의사항 3) 응급의료 관련 법령	2시간	가) 의사(응급의학과 전문의를 우선 고려해야 한다) 나) 간호사(심폐소생술 등 응급처치와 관련된 자격을 가진 사람으로 한정한다) 다) 「응급의료에 관한 법률」 제36조에 따른 응급구조사 자격을 가진 사람으로서 응급의료 또는 구조·구급 관련 분야(응급처치교육 강사 경력을 포함한다)에서 5년 이상 종사하고 있는 사람
나. 실습 교육	심폐소생술 등 응급처치	2시간	

〈비고〉
1. 교육 여건 등을 고려하여 응급처치교육의 내용·시간을 조정할 수 있으나 실습교육 2시간을 포함하여 최소 3시간 이상을 실시해야 한다.
2. 심폐소생술에 대한 전문지식을 갖춘 사람을 실습교육을 위한 보조강사로 할 수 있다.

■ 학교건강검사규칙 [별표 1] <개정 2020. 1. 9.>

신체의 발달상황에 대한 검사항목 및 방법
(제4조 제2항 관련)

검사항목	측정단위	검사방법
키	센티미터 (cm)	1. 검사대상자의 자세 　가. 신발을 벗은 상태에서 발꿈치를 붙일 것 　나. 등·엉덩이 및 발꿈치를 측정대에 붙일 것 　다. 똑바로 서서 두 팔을 몸 옆에 자연스럽게 붙일 것 　라. 눈과 귀는 수평인 상태를 유지할 것 2. 검사자는 검사대상자의 발바닥부터 머리끝까지의 높이를 측정
몸무게	킬로그램 (kg)	옷을 입고 측정한 경우 옷의 무게를 뺄 것
비만도	-	1. 비만도는 학생의 키와 몸무게를 이용하여 계산된 체질량지수(BMI, Body Mass Index: kg/m^2)를 성별·나이별 체질량지수 백분위수 도표에 대비하여 판정한다. 2. 비만도의 표기방법은 다음 각 목과 같다. 　가. 체질량지수 백분위수 도표의 5 미만인 경우: 저체중 　나. 체질량지수 백분위수 도표의 85 이상 95 미만인 경우: 과체중 　다. 체질량지수 백분위수 도표의 95 이상인 경우: 비만 　라. 가목부터 다목까지의 규정에 해당되지 않는 경우: 정상

〈비고〉
수치는 소수 첫째자리까지 나타낸다(측정값이 소수 둘째자리 이상까지 나오는 경우에는 둘째자리에서 반올림 한다).

■ 학교건강검사규칙 [별표 1의2] <신설 2006.1.10>

건강조사 항목 및 방법
(제4조의2 제2항 관련)

1. 조사항목 및 내용

조사항목	조사내용
1. 예방접종 / 병력	가. 전염병 예방접종 나. 가족병력 다. 개인병력
2. 식생활 / 비만	가. 식습관 나. 인스턴트 및 그 밖에 식품의 섭취형태 다. 다이어트 행태
3. 위생관리	가. 손 씻기 나. 양치질
4. 신체활동	가. 근지구력 향상을 위한 운동 나. 심폐기능 향상을 위한 운동 다. 수면
5. 학교생활 / 가정생활	가. 가족 내 지지 정도 나. 학교생활 적응 정도 다. 교우관계
6. 텔레비전 / 인터넷 / 음란물의 이용	가. 텔레비전 시청 나. 인터넷 이용 다. 음란물에의 노출 여부 및 정도

7. 안전의식	가. 안전에 대한 인식 나. 안전사고의 발생
8. 학교폭력	가. 학교폭력에의 노출 여부 및 정도
9. 흡연 / 음주 / 약물의 사용	가. 흡연 나. 음주 다. 흡입제의 사용 여부 및 약물의 오·남용 여부 등
10. 성 의식	가. 성문제 나. 성에 대한 인식
11. 사회성/정신건강	가. 사회성(자긍심, 적응력 등) 나. 정신적 건강(우울, 자살, 불안증, 주의력 결핍 등)
12. 건강상담	가. 건강에 대한 상담의 요구 등

2. 조사방법

시·도교육감은 위 조사항목 및 내용을 포함한 구조화된 설문지를 마련하고, 학교의 장을 통하여 조사할 수 있도록 한다.

■ 학교건강검사규칙 [별표 2] <개정 2020. 1. 9.>

건강검진 항목 및 방법
(제5조 제2항 관련)

검진항목		검진방법(세부항목)
1. 척추		척추옆굽음증(척추측만증) 검사
2. 눈	가. 시력측정	1) 공인시력표에 의한 검사 2) 오른쪽과 왼쪽의 눈을 각각 구별하여 검사 3) 안경 등으로 시력을 교정한 경우에는 교정시력을 검사
	나. 안질환	결막염, 눈썹찔림증, 사시 등 검사
3. 귀	가. 청력	1) 청력계 등에 의한 검사 2) 오른쪽과 왼쪽의 귀를 각각 구별하여 검사
	나. 귓병	중이염, 바깥귀길염(외이도염) 등 검사
4. 콧병		코곁굴염(부비동염), 비염 등 검사
5. 목병		편도선비대·목부위림프절비대·갑상샘비대 등 검사
6. 피부병		아토피성피부염, 전염성피부염 등 검사
7. 구강	가. 치아상태	충치, 충치발생위험치아, 결손치아(영구치로 한정한다) 검사
	나. 구강상태	치주질환(잇몸병)·구내염 및 연조직질환, 부정교합, 구강위생상태 등 검사

8. 병리 검사 등	가. 소변	요컵 또는 시험관 등을 이용하여 신선한 요를 채취하며, 시험지를 사용하여 측정(요단백·요잠혈 검사)
	나. 혈액	1회용 주사기나 진공시험관으로 채혈하여 다음의 검사 1) 혈당(식전에 측정한다), 총콜레스테롤, 고밀도지단백(HDL) 콜레스테롤, 중성지방, 저밀도지단백(LDL) 콜레스테롤 및 간 세포 효소(AST·ALT) 2) 혈색소
	다. 결핵	흉부 X-선 촬영 및 판독
	라. 혈압	혈압계에 의한 수축기 및 이완기 혈압
9. 허리둘레		줄자를 이용하여 측정
10. 그 밖의 사항		제1호부터 제9호까지의 검진항목 외에 담당의사가 필요하다고 판단하여 추가하는 항목(검진비용이 추가되지 않는 경우로 한정한다)

※ 적용범위 및 판정기준
1. 다음 각 목의 검진항목에 대한 검사 또는 진단은 해당 목에 따른 학생을 대상으로 하여 실시한다.
    가. 위 표 제8호 나목 1) 및 같은 표 제9호의 검진항목: 초등학교 4학년과 중학교 1학년 및 고등학교 1학년 학생 중 비만인 학생
    나. 위 표 제8호 나목 2)의 검진항목: 고등학교 1학년 여학생
    다. 위 표 제8호 다목의 검진항목: 중학교 1학년 및 고등학교 1학년 학생
2. 위 표에서 정한 건강검진 방법에 관하여 필요한 세부적인 사항 및 건강검진 결과의 판정기준은 교육부장관이 정하여 고시하는 기준에 따른다.
3. 위 표 제1호부터 제10호까지의 검진항목 외의 검진항목에 대한 검진방법 및 건강검진 결과의 판정기준은 「국민건강보험법」 제52조 제4항 및 같은 법 시행령 제25조 제5항에 따라 보건복지부장관이 정하여 고시하는 기준에 따른다.

■ 학교건강검사규칙 [별표 3] <개정 2019. 9. 17.>

신체능력검사 항목 및 방법
(제7조 제5항 관련)

1. 필수평가

체력 요소	검사항목	검사방법
심폐 지구력	1. 왕복오래 달리기	가. 거리 　1) 초등학교 학생: 남·녀 구분 없이 15미터 　2) 중·고등학교 학생: 남·녀 구분 없이 20미터 나. 측정 　1) 일정한 거리를 시간간격이 정해진 신호음에 맞추어 왕복하여 달리기를 반복 실시 　2) 오디오 테이프의 신호음이 울리기 전까지 검사대상자의 양 발이 20m(15m) 선을 완전히 통과할 것 　3) 검사대상자가 맞은편으로 이동 중일 때 신호음이 울린 경우 그 지점에서 신속히 뒤로 돌아 뛰도록 하며 기록횟수에 '△'표시 　4) 3)의 규칙은 처음 한 번만 적용되며 신호가 울리기 전에 1회 이동을 마치지 못한 횟수가 두 번째인 경우 측정을 종료하며 기록횟수에 'X'표시를 하고 'X'표시의 직전 횟수를 측정 횟수로 기록
	2. 오래달리기-걷기	가. 거리 　1) 초등학교 5~6학년 학생: 남·녀 구분 없이 1,000미터 　2) 중·고등학교 학생: 여학생은 1,200미터, 남학생은 1,600미터 나. 측정 　1) 정해진 트랙을 벗어나지 않으면서 정해진 거리를 완주 　2) 달리는 도중에 걷는 것도 허용 　3) 잘못된 주행이 확인되면 매 회마다 파울로 기록 　4) 분·초 단위까지 기록하되, 0.1초 단위에서 버림하여 기록(다만, 파울 1회당 5초씩 추가하여 기록)

| 심폐 지구력 | 3. 스텝검사 | 가. 스텝박스 높이
  1) 초등학교 5~6학년 학생: 20.3센티미터
  2) 중학교 남·여 학생, 고등학교 여학생: 45.7센티미터
  3) 고등학교 남학생: 50.8센티미터
나. 반복횟수
  1) 초등학교 5~6학년, 중학교 남·여 학생, 고등학교 여학생: 24회/분
  2) 고등학교 남학생: 30회/분
다. 측정
  1) 시간 간격이 정해진 신호음에 맞추어 스텝박스를 올라갔다 다시 내려오는 동작을 3분 동안 반복 실시한 후 안정시 심박수를 3회 측정하여 기록지에 기록
    - 심박수 측정기가 없는 경우(촉진법): 1회(1분~1분 30초), 2회(2분~2분 30초), 3회(3분~3분 30초)
    - 심박수 측정기가 있는 경우: 1회(1분), 2회(2분), 3회(3분)
  2) 평가는 신체효율지수(PEI*) 공식으로 계산된 점수로 하며 0.1점 단위까지 기록하되, 0.01점 단위에서 올림하여 기록
    - 교육정보시스템(NEIS)의 학생건강체력평가시스템(PAPS)에서 자동으로 점수가 산출됨

※ 심박수 측정기가 없는 경우(촉진법)
  - 초등학생, 중학생, 고등학생(여)의 경우
    $PEI = D / (2 \times P) \times 100$
    D: 스텝운동 지속시간(초)
    P: 1회(1분~1분30초) 심박수 + 2회(2분~2분30초) 심박수 + 3회(3분~3분30초) 심박수
  - 고등학생(남)의 경우
    $PEI = D \times 100 / \{5.5 \times p\} + \{0.22 \times (300 - D)\}$
    D: 스텝운동 지속시간(초)
    p: 1회(1분~1분30초) 심박수 |

		※ 심박수 측정기가 있는 경우 　- 초등학생, 중학생, 고등학생(여)의 경우 　　PEI= D / (P) × 100 　　D: 스텝운동 지속시간(초) 　　P: 1회(1분) 심박수 + 2회(2분) 심박수 + 3회(3분) 심박수 　- 고등학생(남)의 경우 　　PEI= D × 100 / {5.5 × p/2} + {0.22 × (300 - D)} 　　D: 스텝운동 지속시간(초) 　　p: 1회(1분) 심박수 * PEI(Physical Efficiency Index : 신체효율지수)
유연성	4. 앉아윗몸앞으로 굽히기	가. 자세 　1) 신발을 벗고 실시자의 두 발 사이가 5센티미터를 넘지 않게 두 발바닥이 측정기 전면에 완전히 닿도록 무릎을 펴고 앉을 것 　2) 한 손을 다른 한 손 위에 올려 양 손이 겹치게 하고 윗몸을 앞으로 굽히면서 고개를 숙이고 측정기 위의 눈금 쪽으로 뻗을 것 나. 측정 　1) 검사대상자가 무릎이 올라오지 않게 굽힌 자세를 2초 이상 유지 할 것 　2) 양 손의 손가락 끝이 멈춘 지점의 눈금을 측정 　3) 2회 실시하여 0.1센티미터 단위까지 기록하며, 평가는 높은 기록으로 함
	5. 종합유연성 검사	가. 어깨, 몸통, 옆구리, 하체 4부분으로 나누어 검사 　1) 어깨: 몸 뒤쪽으로 한손은 어깨 위에서 아래 방향으로 다른 한 손은 아래에서 위 방향으로 하여 닿을 수 있는가를 검사 　2) 몸통: 상체를 좌우로 회전시켜 발뒤꿈치에 위치한 숫자카드를 읽을 수 있는 지 검사 　3) 옆구리: 바르게 선 자세에서 척추가 좌우로 충분히 굽혀져서 손이 무릎 뒤 오금에 닿는가를 검사 　4) 하체: 앉은 자세에서 좌우 한 발씩 곧게 뻗고 한손바닥을 다른 쪽 손의 손등에 나란히 올려놓은 상태에서 양 손이 발끝에 닿을 수 있는가를 검사 나. 오른쪽과 왼쪽 한 번씩 시행하게 되며, 오른쪽 왼쪽 모두 성공하면 2점, 한 쪽만 성공하면 1점, 모두 실패하면 0점을 얻게 되며 측정된 점수를 모두 합산하여 기록

근력·근지구력	6-1. 팔굽혀펴기 (남)	가. 팔굽혀펴기 봉 높이 및 넓이 　1) 높이: 30센티미터 　2) 넓이: 110센티미터 이상 나. 자세 　양 발은 모으고 양 손을 어깨너비로 벌린 후 30센티미터 높이의 봉을 잡고 몸은 머리에서부터 어깨, 등, 허리, 발끝까지는 일직선으로 할 것 다. 측정 　1) 팔을 굽혀 몸이 내려가 있는 동작에서는 가슴과 봉 사이의 거리가 10센티미터 이하이어야 하며 팔꿈치의 각도는 90도가 되도록 할 것 　2) 더 이상 반복하지 못 할 때까지의 횟수를 측정
	6-2. 무릎대고 팔굽혀펴기 (여)	가. 자세 　1) 무릎을 꿇고 양 손을 어깨너비로 벌려 엎드린 상태에서, 상체는 반듯하게 유지하고 발끝은 세워 발등이 지면에 닿지 않도록 할 것 　2) 어깨너비의 손 위치를 손 하나 크기의 간격으로 앞으로 옮기고, 다시 손 하나 크기의 간격을 바깥 방향으로 2번 옮겨 양 팔의 간격을 넓힐 것 나. 측정 　1) 팔을 굽혀 몸이 내려가 있는 동작에서는 가슴과 지면 사이의 거리가 15센티미터 이하이어야 하며 팔꿈치의 각도는 90도가 되도록 할 것 　2) 더 이상 반복하지 못 할 때까지의 횟수를 측정
	7. 윗몸말아올리기	가. 자세 　1) 매트 위에 머리와 등을 대고 누운 자세에서 무릎을 90도 정도의 각도가 이루어지도록 굽혀 세울 것 　2) 발바닥은 바닥에 평평하게 되도록 붙이고 발과 무릎 사이가 주먹 하나 크기의 간격으로 띄어 놓을 것 　3) 팔은 곧게 뻗고 손바닥을 넓적다리 위에 올려놓을 것 나. 측정 　1) 3초에 1번씩 울리는 신호음에 맞추어 손이 넓적다리 위를 타고 올라가 손바닥으로 무릎을 감쌀 수 있도록 상체를 말아 올릴 것 　2) 손바닥으로 무릎을 감싼 후 바로 준비자세로 돌아올 것 　3) 1회/3초 실시간격을 지키지 못할 때는 처음 한 번은 계수만 하지 않고 측정은 계속하되, 두 번째 지키지 못하면 계수를 종료하고 실시자의 총 횟수를 기록

근력·근지구력	8. 악력	가. 측정도구: 악력계
		나. 자세
		  1) 편안한 자세로 발을 바닥에 편평하게 붙이고 양 다리는 어깨너비 만큼 벌려서 직립자세를 취할 것
		  2) 검사대상자는 악력계를 자신의 손에 맞도록 폭을 조절하고, 손가락 제2관절이 직각이 되도록 악력계를 잡을 것
		다. 측정
		  1) 오른쪽, 왼쪽 각각 2회 측정하고 기록지에 기록
		  2) 오른쪽-왼쪽-오른쪽-왼쪽 순서로 측정하여 0.1킬로그램 단위까지 기록하되, 0.01킬로그램 단위에서 올림하여 기록하며, 평가는 최고 높은 기록으로 함

순발력	9. 50미터 달리기	가. 거리: 50미터
		나. 측정
		  1) 코스는 반드시 직선주로가 되어야 하며, 부정출발을 한 경우 주의를 주고 다시 출발할 것
		  2) 0.01초 단위까지 기록

	10. 제자리 멀리뛰기	가. 자세
		  1) 구름판이 설치된 모래터 또는 측정장비 위에 출발선을 밟지 않고 올라설 것
		  2) 발을 한번만 굴러서 공중자세는 자유로이 하여 뛸 것
		나. 측정
		  1) 도약하는 순간 두 발 중 한쪽 발이라도 출발선을 넘어서지 말아야 하며 반드시 모둠발로 뛸 것
		  2) 2회 실시하여 0.1센티미터 단위까지 기록하며, 평가는 높은 기록으로 함

비만	11. 체질량지수(BMI)	○ 측정
		  1) 체질량지수는(BMI, Body Mass Index: kg/m^2) 키와 체중 값으로 계산할 것
		  2) $0.1 kg/m^2$ 단위까지 기록하되, $0.01 kg/m^2$ 단위에서 올림하여 기록할 것

2. 선택평가

검사항목	검사 방법
1. 심폐지구력 정밀평가	가. 측정도구 　심박수 측정기 세트(가슴벨트, 송신기, 수신기, 소프트웨어 등) 나. 측정 　1) 심폐지구력정밀평가는 필수평가의 심폐지구력 측정 종목 측정 시 심박수 측정기를 착용하여 측정하는 것으로 검사방법은 심폐지구력 종목 측정과 동일함 　2) 장비를 통해 자동으로 측정되어진 심박수를 분석하여 최대 심박수(220-나이), 운동 중 최고 심박수, 운동 중 평균 심박수, 운동 중 평균 운동강도, 운동 중 총 칼로리 소모량 및 운동강도 구간분석을 표로 제공하며, 운동강도 범위와 칼로리 소모량 기준은 다음과 같음 | 구간	최대심박수%	칼로리 소모량(10분기준)
---	---	---
1구간	90% 이상 ~ 100%	15kcal
2구간	80% 이상 ~ 90% 미만	15kcal
3구간	70% 이상 ~ 80% 미만	12kcal
4구간	60% 이상 ~ 70% 미만	10kcal
5구간	50% 이상 ~ 60% 미만	6kcal	
2. 비만평가	가. 측정도구: 체지방측정기 나. 자세 　1) 공복상태를 유지하고 신체에 금속성 물질을 제거할 것 　2) 양말을 벗고 체지방측정기의 양 발과 양 손의 측정 위치에 맞게 정확히 위치시킬 것(체지방측정기의 사용지침을 따름) 다. 측정 　1) 체지방률이 측정되는 동안 최대한 몸을 움직이지 않고 전방을 주시할 것 　2) 장비를 통해 자동으로 측정되어진 체지방률을 분석하여 근육량과 지방량을 계산하고, 체중에 대한 체지방률 정상범위 (남자: 12~14.9%, 여자: 15~26.9%)를 기준으로 최소 근육 조절량과 조절 체지방량을 계산하여 제공 ・ 근육량(%) = 0.85 × 체중 - (체중 × 체지방률) / 100 ・ 지방량(%) = 체중 × 체지방률

3. 자기신체평가	가. 측정도구: 자기기입식 기록지 나. 세부항목 　10개 항목[심폐지구력, 유연성, 근력·근지구력, 체지방(날씬함), 신체활동, 스포츠자신감, 외모, 건강상태, 신체전반, 자기존중감]별 2개 문항으로 구성(총 20문항) 다. 측정 　1) 6점 척도(1점: 전혀 아니다, 6점: 매우 그렇다) 중 자신의 생각과 일치하는 번호를 찾아 'O'표시 　2) 항목별 2문항의 평균을 계산하여 10개 요인별 점수의 합계를 구하고 1.67을 곱하여 산출 　※ ★표시문항은 역으로 채점(1점은 6점, 2점은 5점) 　• 심폐지구력: (8번 + 18번) ÷ 2 = ① 　• 유연성: (7번 + 17번) ÷ 2 = ② 　• 근력·근지구력: (9번 + 19번) ÷ 2 = ③ 　• 체지방: (★ 2번+★12번) ÷ 2 = ④ 　• 신체활동: (5번 + 15번) ÷ 2 = ⑤ 　• 스포츠자신감: (1번 + 11번) ÷ 2 = ⑥ 　• 외모: (3번 + 13번) ÷ 2 = ⑦ 　• 건강상태: (★ 4번 +★14번) ÷ 2 =⑧ 　• 신체전반: (10번 + 20번) ÷ 2 = ⑨ 　• 자기존중감: (★ 6번 +★16번) ÷ 2 = ⑩ 　　(① + ② + ③ + ④ + ⑤ + ⑥ + ⑦ + ⑧ + ⑨ + ⑩) = 합계×1.67 = 　3) 항목별로 자기 점수에 해당하는 위치를 찾아 '●'표시를 하여 그래프를 작성

4. 자세평가	가. 측정도구: 자세평가 보조도구 나. 세부항목 　문진 2문항, 시진(어깨기울기, 골반기울기, 다리굴곡, 목뼈기울기, 상체기울기, 골반전후기울기, 척추 휨 정도) 7문항 다. 측정 　문진은 2점 척도(예/아니오), 시진은 3점 척도(정상/경미/심각)로 측정하여 기록 　1) 어깨 기울기: 어깨가 좌우 평형을 이루는지 여부를 검사(양쪽어깨가 같은 위치에 있으면 정상) 　2) 골반 기울기: 골반의 좌우가 평형을 이루는지 여부를 검사(양쪽 엉덩관절의 높이가 동일선상에 있으면 정상) 　3) 다리굴곡: 다리의 바깥이나 안쪽으로 휘어있는지 또는 틀어져 있는가를 검사(무릎뼈가 전면을 향하면 정상) 　4) 척추 휨 정도: 척추가 곧지 않고 휘어 있는지 여부를 검사(척추 뼈의 정렬상태가 일직선상에 있으면 정상) 　5) 목뼈기울기: 목뼈의 모양이 바르게 서 있는가를 검사(귓바퀴와 어깨점이 일직선상에 있으면 정상) 　6) 상체기울기: 등의 굽은 정도의 여부를 검사[어깨뼈(견갑골) 사이의 능형근 부위가 보이지 않으면 정상] 　7) 골반전후기울기: 골반이 전후로 기울어졌는지 여부를 검사(양쪽 상장골극과 두덩뼈의 삼각형 모양이 바닥과 수직을 이루면 정상)

김동현 교수

- 박문각 임용학원 전공보건 대표강사
- 서울대학교 간호대학 졸업
- 서울대학교 보건대학원 석사, 박사 수료
- 이화여대, 한양대, 경희대 등 간호학과 강사
- 전 구평회고시학원
- 전 희소고시학원
- 전 아모르이그잼 / 해커스임용 강사

2026 김동현 전공보건 법령요약 빈칸노트

저자와의 협의 하에 인지는 생략합니다.

인 쇄	2025년 7월 8일
발 행	2025년 7월 8일
저 자	김동현
발 행 처	도서출판 마체베트
주 소	경기 광주시 오포읍 창뜰아랫길 32-49
T E L	031-716-1207
F A X	0504-209-1207
I S B N	979-11-92448-63-3 [93510]
정 가	22,000원

※ 이 책의 무단전재 또는 복제행위는 저작권법 제136조에 의거 5년 이하의 징역 또는 5,000만원 이하의 벌금에 처하게 됩니다.